読めよ、さらば憂いなし

松田青子

河出書房新社

読めよ、さらば憂いなし　目次

読めよ、さらば憂いなし

「雑」と書かれた箱に入りたい

『かよちゃんの荷物』（全3巻）雁須磨子（竹書房）

いつからか○○女子だの男子だの、○○ガールだの○○系といったフレーズが頻繁に雑誌の表紙で躍るようになり、私はだんだんイライラしはじめた。続いてマンガや本でも、そういうのがわかりやすく打ち出された作品がたくさん出てきた。読んでみても、そういう作品の多くは、キャラクター造形もセリフも話の展開も、その枠にはまったような描かれ方しかしていなくてすぐに退屈した。次から次へと枠にはめ込もう、無理やり用意した箱に押し込めて一過性のムーブメントをつくろうとする雰囲気が嫌だった。お前はこの箱だと決められたイメージどおりに行動することを求められているようで窮屈だった。肩身が狭かった。そんな簡単なものかな。みんなちょっとずつはみだしているものじゃないのかな。もっと雑に生きていきたいのに。

そうだ、どうしても何かの箱に入らないといけないのなら、「雑」とでかでかと書かれた箱に入りたい。「雑」というジャンルを用意してもらいたい。それなら進んで入ってやる。中にはきっと、かよちゃんがいるはずだ。
『かよちゃんの荷物』の主人公かよちゃんは、仕事を辞めた後だらだら新しい仕事を探している間にデブる。思い立って急に痩せる。化粧ポーチは、計画性なく買うせいで同色、同アイテムでパンパン。日帰りで行った仙台で、「その時その時その場所その場所での何かこう出会いや偶然やきっかけや2度手間が良かったみたいな」と言いながら、今買わなくてもいいコットンやクレンジングのセール品を買い込む。

三十歳を過ぎて独身だといろいろ言われるけど、かよちゃんは、毎日お風呂入ってるし、虫歯もないし、「ちゃんとしてる!」と思い、親友のひとみちゃんに「ちゃんとはちゃんとでもちゃんとの末席よ」と言われても「まあでもいいや末席でも席があるなら…」と生春巻を食べながら幸せそうに返す。世界のわかりやすさに合わせる必要はない、なんとなくそのときの自分の気分で生きていけると励まされているようで、読んでいるとすごく楽しい気持ちになる。自分の雑さに自信を持ちたくなる。自分は「ちゃんとしてる!」と思う。私はかよちゃんみたいに生きたい。

さよなら、なんて言わないで

『さよなら、韓流』北原みのり（河出書房新社）

父が亡くなった後当時五十三歳の母が、上野千鶴子という人がいると急に言った日のことを私は忘れられない。本棚には上野千鶴子や小倉千加子の本が増えていき、上野千鶴子の講演会に行ってサインしてもらったと母は喜んだ。

また、母はあるときから韓流ドラマにハマりはじめた。私も母の隣で『宮廷女官チャングムの誓い』を見て、これは面白いと感激して一緒に見た。

チャングムのＤＶＤは人気があって順番どおりにレンタルできず、そのときお店にある巻をランダムに借りてきては、とにかく見て頭の中で物語をつなげろと母は無茶を言った。その後私は東京で暮らすようになったが、実家に帰るたび、母は違う韓流ドラマを見ていた。面白かった韓国映画を電話ですすめると、それもう見たわと必ず母は言った。

「母、フェミニズムに出会う」「母、韓流にハマる」、この二つのムーブメントを、私は別個の出来事としてとらえていた。それが『さよなら、韓流』を読んだとき、一本の糸でつながった。

そうだったのか!!　と目が大きく開く思いだった。韓流とはフェミであったのだ。韓流にハマった女たちの日々がいかに「自信と幸福」に満ちたものだったのか私は知らなかった。そして現在、愛国という大きな傘をさして、韓流ドラマにハマる女たちをたたく人たちがいることを、その人たちが韓流ブームを「終わらせた」こともよく知らなかった。びっくりした。仕事や家事を片付けた後、一日の終わりのお楽しみとばかりにいそいそ韓流ドラマを見ている母が、非難の対象になるようなことをしているとは一ミクロンも思えない。「女が欲望を発露しようとすると、必ず水を差されますよね」と本書の対談中にある。『さよなら、韓流』というタイトルは、「今の日本の現実」を反映したものだそうだ。しかしここまで結晶化するように彼女たちが求め高めた欲望のかたちが、誰のことも傷つけない、ただ自分のためだけの欲望が、そんな簡単につついえるものだろうか。そこのところは世の中の流れなど屁とも思わず（本人には聞いてないが、たぶん本当に何とも思っていないと思われる）、母が相変わらず韓流ドラマを見ていることが雄弁であるように思う。

現実を直視できない女たち

『春にして君を離れ』アガサ・クリスティー／中村妙子＝訳（早川書房）

アガサ・クリスティーの『春にして君を離れ』をはじめて読んだとき、めちゃくちゃ面白くて、うおーっとテンションがうなぎ上りに上がった。が、その後で、あれ、この感じ、わたし、知ってる、と頭の中がおずおずと検索をかけはじめた。そしてヒットした。あっ、これ、『ら・ら・ら』と構造が一緒だ！

そう思っている人も多いと思うが、大黒摩季の歌『ら・ら・ら』は完全なるホラーである。「恋愛中ってもっと楽しいと思ってた」※という私の中でJ-POPの歴史上、一、二を争う名フレーズからはじまり、彼氏に会えない女の独白がぽつぽつ続く。

「あっという間にもう　こんな年齢だし、親も年だし、あなたしかいないし」※

「これから私　何をどうして生きて行けばいいんだろう……」

彼女は悩み、考えるのだ。自分の今を、将来の自分を。

しかしそこに現れるのが、あの恐ろしい「ラ～ラ～ラララ～」である。「ラ～ラ～ラララ～」

と歌っている間にすべてご破算になってしまう。「ラ～ラ～ラララ～」は思考停止の呪文だ。考えたくない。考えるとその向こうに自分が見たくない現実、真実が待っている。だから呪文を唱える。歌っちゃう。「ラ～ラ～ラララ～」と。そうすればずっと夢の中にいられる。「※今日も明日もあなたに逢えない」と歌った後、「ラ～ラ～ラララ～」を挟むと、「※ずっとずっと一緒にいようね」に思考が飛べてしまうのだ。この人を囲んで、「目を覚ませ！」と四方八方から言いたい。そういう女子会がしたい。

『春にして君を離れ』もめざめられない、めざめたくない女の物語だ。はじめて自分の人生の「真相」を直視する機会が訪れた女の前には、「蜃《しん》気《き》楼《ろう》」が現れ、彼女の視界をぼやけさせる。まるで「ラ～ラ～ラララ～」の呪文のように。彼女の中で、「真相」と「ラ～ラ～ラララ～」が「万華鏡」のようにくるくる回転する。最後に、彼女はどちらの「模様」を選ぶのか。それは曲中では歌われなかった、『ら・ら・ら』の彼女のその後と一緒なのかどうなのか。

※＝『ら・ら・ら』（作詞・作曲　大黒摩季）より引用

かかりたくない魔法

『ラーメンと愛国』速水健朗（講談社）

ラーメンが好きなのだが、あまりラーメン屋に行かなくなった。ラーメンが食べたいときは、メニューにラーメンがある中華料理屋に行く。オリジナリティがないチェーン店に入る。もしくは、この店の壁にはポエムが貼ってないと確認してから入る。

壁にポエムが貼ってあるラーメン屋が苦手だ。ラーメン屋にポエムが貼ってある意味がわからない。貼っていないようだと安心して店に入っても、トイレの内部に貼ってある場合があり、やられたと騙された気持ちになる。私はラーメンが食べたかっただけなのに、なぜこの作務衣《さむえ》の男たちの「男心」を垣間見せられなければならないのだろうか。こういう店のラーメンの値段には、ポエム代が加算されているような気さえする。味のうまい、まずいとかじゃない。私はポエムに金を払いたくないのだ。

人気のあるラーメン屋の長い列を見ていると、この世にはかかる魔法とかからない魔法があるなあと感慨深くなる。ポエムもそうだが、人によっては一瞬でうっとりとしてしまう「二

郎」「家系」といった魔法の呪文が、どうして私にはかからないんだろう。どうせなら魔法にかかりたい。その方法を学ぶため、「ラーメンはいつからこんなに説教くさい食べものになってしまったのか」とまえがきにある（この一文だけでもう私のための本だと思った）、日本のラーメン文化の変遷について書かれた『ラーメンと愛国』を読んだ。

この本では、ラーメンとはまったく関係ないのに、職人ぶりをアピールするためファッションとして作務衣を身にまとい、「人生は自己表現、ラーメンは生きる力の源」など自己啓発的なラーメンポエムを壁に掲げたラーメン屋を「作務衣系」と名付けている。ラーメン自体がそもそも日本料理ではないので、彼らは「遊戯的」「趣味的」に「捏造《ねつぞう》された伝統」であるラーメン道を生きている。つまり、彼らはラーメンと俺の夢という物語を日々構築しているのだ。「作務衣化」に至るまでの歴史も大変面白く、おいしいラーメンを食べた後のように私は満足した。しかしあまりに明確に説明してもらったため、ますます私は思うようになった。ポエム無理と。

現代のハッピーエンド

『にこたま』渡辺ペコ（講談社）

先月、『にこたま』の最終巻を読んだちょうど翌週に、「女性手帳」導入のニュースが発表された（結局、配布見送りになったらしいが）。自分の体と付き合っていくために知っておいたほうがいいことはもちろんあるが、「女」を極限に編み目の粗いざるでがばっとすくい、さまざまな現実問題に取り組むことを放棄して、これでうまくいったらうれしいなあという、ディズニーばりの夢物語があの手帳だ。そこには「個人」がない。あっちゃんやコーヘーがそれぞれ成長し、先に歩きだしたのになんちゅうことかと、フィクションと現実の狭間《はざま》でくらくらした。どっちがフィクションかといえば、「女性手帳」のほうだ。

『にこたま』は一貫してずっと「社会」の中の「個人」を描いてきた。「仕事」「結婚」「妊娠」ほか、三十路《みそじ》を前に、突如として現実味を持ってのしかかってくる問題に、主人公のあっちゃんと恋人のコーヘーは、その時々の自分の体調や気持ちや懐ろ具合に寄り添いながら、立ち向かう。主人公に都合のいいファンタジーが一つもない、私たちの現実とどこまでも地続きなマンガ。もうわかっている。「ときめき」なんてずっと続かないこと。「白馬の王子様」はいないこと。だから最終巻で「あっちゃん俺のことすき?」というコーヘーの質問に、あっちゃんが答えた「そーゆーのよりずっと前向きで建設的なつもり」という一言に本当にしびれた。作者は、「ときめき」の先に進むことを肯定した。

私たちの人生は、自分と、隣に誰かがいる場合はそのパートナーの状況に合わせて、その時々一つ一つ選択していくものだ。あまり一般的ではないとされることでも、自分(たち)のニーズに当てはまるのであれば、その道を進むことはとても真っ当なことである。そこには困難もあるわけだけど、それでもトライし続ける、そのためには、「個人」の多様性を許容する選択肢と度量が「社会」に用意されていなければならない。それこそが現代のハッピーエンドだ。そのことを、どこまでも突き詰めたのが『にこたま』で、だからあのラストがある。『にこたま』とバトンタッチするように同時発売された『ボーダー』もその延長線上にある、明日を信じる私たちのためのマンガだ。

わたしは覚えている

『ぼくは覚えている』ジョー・ブレイナード／小林久美子＝訳（白水社）

「ぼくは覚えている。マリリン・モンローが死んだ日を」

「ぼくは覚えている。ドクターペッパーとロイヤルクラウン・コーラを」

「ぼくは覚えている。金持ちの有名人になりたかったことを。（今だって！）」

「ぼくは覚えている。赤いクレヨンをいつも真っ先に使い切ったことを」

「ぼくは覚えている。いくつもの九月を」

『ぼくは覚えている』は、「ぼく」が覚えていることがひたすら書かれている本だ。「ぼくは覚えている」というフレーズを引き金にして、「ぼく」は思い出していく。一つ思い出すと、芋づる式に次々思い出す。マリリン・モンローの死やそのころはやった映画のような誰もが知っていることと、自分だけのささいな記憶が怒濤《どとう》のように連なっていく。記憶の集積から、「ぼく」と「ぼく」の生きた時代が見える。

「ぼく」の頭の中のものすごい情報量に圧倒されながら読み進めているうちに、ついでに自分もいろんなことを思い出した。私も『ぼくは覚えている』ができることに気がついた。人はたくさんのことを本当は覚えているのにふだん忘れていて、引き金さえあれば、全部は無理でも結構いいところまで思い出すことができるんじゃないか。『ぼくは覚えている』は、あなたが忘れているさまざまなことを思い出させる装置だ。一人一人の『ぼくは覚えている』がある。あなたの『ぼくは覚えている』ができる。それを読んでみたい。皆で読み合いたい。たとえば、こんなふうだ。

「わたしは覚えている。ダイヤル式の黒電話を」

「わたしは覚えている。雑誌に載っていた「日ペンの美子《みこ》ちゃん」という広告マンガを」

「わたしは覚えている。年賀状のシーズンになるたび、「日ペンの美子ちゃん」をやっておけばよかったと後悔したことを（今だって！）」

「わたしは覚えている。中学の英語教師がはいていたベージュのキュロットとストッキングを」

「わたしは覚えている。いくつもの春と夏と秋と冬を」

（私の頭の中で続く）

後戻りできない物語

『厭な物語』アガサ・クリスティー他／中村妙子他＝訳（文藝春秋）

大学時代、英文学を専攻していて短編小説のゼミに入っていた。ある週、教師がシャーリイ・ジャクスンの「くじ」を課題として指定した。彼は「じゃあ来週は「くじ」で」とさらっと言った。前情報も何もなく、ぼんやりと私は読みはじめた。のどかな村の話だった。年中行事であるくじを引くために、村人たちが集まってきた。短い物語が進むにつれ、私の心がうるさく騒ぎ出した。えっ、なにこれ。ちょっと待て、やばいこれ。ぎゃー。ぎゃー。そして読み終わったとき、私は叫んだ。なんじゃこりゃ⁉︎

そのときの気持ちをたとえるなら、「事故った」に近い。こんな物語、出合ったらもう事故である。「じゃあ来週は「くじ」で」という冷静な声は、ぼんやりした生徒たちへの罠であり宣戦布告ではなかったか。おまえらに読ませてやる！　という。私はしっかりひっかかった。フラナリー・オコナーの「善人はそういない」でも同じ目にあった。平凡な家族が旅行する話だった。そうだったはずなのに……。本って本当に恐ろしい。みんなだいたい同じような大きさ、同じようなかたちをしているくせに、開いたらただの文字の羅列のくせに、読んだ瞬間とんでもない世界が待ち受けている。

その二作が収録されている『厭な物語』はタイトルどおり、「厭な物語」が十一編もつまったアンソロジーである。最初から最後まで、なんじゃこりゃ⁉ の連続。普通に生活していたはずの登場人物たちは、ある瞬間、するっと日常からすべり落ちる。悪夢のシステムに組み込まれる。そうなったら以前の自分にはもう二度と戻れない。少しでもかかわってしまったら、その瞬間加害者も被害者もなくなって、みんな一緒に悪い夢の中。

この本を読んだ人も同じだ。かかわったら、ページを開いてしまったらもう終わり。二度と読む前の自分には戻れない。しかしそれが癖になる。固まりがちな頭の中がぐりんぐりんとひっくり返る。なんじゃこりゃ⁉ と度肝を抜く物語に出合えることは快感だ。幸せだ。しかもいっぺんに十一編も！

この本をつくった人の罠にかかろう。メッセージは明確だ。おまえらに読ませてやる！

一生ブレなかった人

『家と庭と犬とねこ』石井桃子（河出書房新社）

何年か前、世田谷文学館で行われた「石井桃子展」に行った。場内には、直筆の翻訳ノートや付せんがいっぱい貼ってある数々の本が展示されていて、狂喜乱舞した。石井桃子が使っていた口紅やポーチまで展示してあり、メーカーをメモって同じ口紅を買おうとしたりした。写真もたくさんあった。農場の木の下で、でっかい麦わら帽子をかぶって本を読む姿や、外国の旅行先で、ラクダに乗っている写真。すごく楽しそうだった。

そのときそこで、インタビュー映像を見た。液晶画面の中の彼女は、「バブルなんて、わたしちっとも繁栄だと思わなかった」と言った。目に見えるようだった。なんだこれはと、浮かれた時代をじっと静かに見据えていた姿が。彼女の書いたものや子どもの本の活動に触れるといつも思う。石井桃子は、ブレなかった人だ。

彼女の、生活について書かれた随筆を集めた『家と庭と犬とねこ』を読んだとき、いちばん思ったのは、ブレない、ブレることができない、ということは、しんどかっただろうなということだ。小さなころの思い出や農場での生き生きとした暮らしを愛した彼女が、戦争から高度成長、そしてバブルと、移り変わっていく社会に、「日本というところは、心臓と手が、ずいぶんばらばらに働くところだなあ」と困惑していたことが、ページの端々から伝わってくる。

また、結婚せずに女一人で暮らしていると「自炊ですか？」と聞かれることについて、「どうしてこの人、こんなこと聞くんだろう、人間、生きていれば、ご飯をつくるのは、あたりまえなのにと、ふしぎな気がしたのである。「自炊」ということばが、あることからして、私にはおかしい気がした」と、彼女は違和感を語る。ブレず、社会の変化に浮つかず、一〇一歳まで生き、九十六歳まで翻訳や執筆を続けた一人の女性のすごさを、私たちは忘れることがあってはいけないと強く思う。

また、亡くなる前の母の手が宮様の手のようにやわらかくなったと語る「宮様の手」と、傷つくこと、傷つけることを超えた、女友達とのある瞬間について書かれた「私の手」という、手にまつわる二つのエッセイがとても心に残った。

女子の調整力

『王妃の帰還』柚木麻子（実業之日本社）

幼稚園のころから、「こいつダメだ」オーラを身にまとって生きてきた。人見知りで学校生活のすべてにおいて積極的でも前向きでもなく、運動神経もなかった。学年が変わるたび、新しく出会った先生や級友の顔にはっきりとこの言葉が浮かぶ。「こいつダメだ」。それでもぎりぎりなんとかなったのは、クラスにたいがい一人は生息する面倒見がいい子のおかげだ。そういう子に拾ってもらって私は学校生活を送っていた。いろいろと世話を焼いてくれ、私が口を開く前に、私の気持ちを彼女がすべて代弁してくれた。その子が引っ越すことになったとき、「私なき後、こいつのことは任せた」と、彼女は私がその後入るグループまで勝手に商談成立させて、去っていった。よくできた人だった（遠い目）。今考えると、学校の女子グループというものは、案外合理的でシステマチックなものだったなあと思う。よっぽどのことがないと、一人ぼっちをつくらないようにできている。

「誰も一人にしたくないなら、これしか方法ないいんじゃないの？」そう言って、女子校生たち

がグループ調整に奮闘するのが、『王妃の帰還』だ。穏やかに過ごしていた地味グループの範子たちは、ある事件がきっかけで上位グループを追われたクラス一の美少女「王妃」を受け入れるはめになる。異物の混入によりグループのバランスが崩れ困った範子たちは、「王妃」を元のグループに戻そうと知恵をしぼるのだが、クラス自体の秩序も徐々に崩壊してしまう。ここから女子たちによる怒濤のグループ調整アンド移動がはじまる。

この小説の素敵なところは、けんかしたりもめたりしながらも、クラス全体でなんとか調整をつけていこうとする女子たちの態度を描いたことだ。彼女たちは、自分の意に沿わないグループ構成になっても、クラスのためなら「相当に練られた人事」だと渋々納得する。その結果、彼女たちは、よく知らなかった別グループの子たちのよいところに気づく。同じグループの友達は、クラスで孤立しないために仕方なく一緒にいるんじゃなくて、気が合うから一緒にいるんだということに気がつく。読むと、女子の調整力の切実さといとおしさに胸がいっぱいになるはず。

ダメをみがく幸福

『ダメをみがく』津村記久子・深澤真紀（紀伊國屋書店）

十代の終わり、バイトしていた飲食店で、同じくバイトの女の人に「化粧してないじゃない」と嫌みを言われた。十代の子に化粧を強要するなんてろくなやつじゃないと今ならはっきり思うが、そのときはその人の圧がこわくて、次からは化粧をしていくようになった。

二十代の終わり、ある職場で、「ドライヤーが面倒だから髪を自然乾燥している」と軽い気持ちで同僚の女の子に言ったら、「えっ、意味がわかんない、どういうこと？　髪はドライヤーで乾かすものでしょ？」と深刻げに詰め寄られた。しまった、この職場で浮く、と思った。

こういうことがあるたび、外の世界の窮屈さに心が萎縮する。さみしくなる。自分のダメさが非難の対象になるんじゃないかと怯える。

だから対談集『ダメをみがく』を読んだとき、ありがとうございますっと地面にひれ伏したくなった。だって女子力じゃなくて、ダメをみがいていいんだよ。ハレルヤ。副題に「女子の呪いを解く方法」とあるように、深澤さんと津村さんは二人の体験談を交えて、ひたすら読者の心を軽くするために言葉を尽くす。世の中でこれが「普通」となっていることでも、それが自分の性格や欲望に合っていないのなら、無理して合わせる必要はないと。周りが笑っても、堂々としょうもないことに打ち込んでいいと。ダメで何が悪いと。「化粧しろ」プレッシャーについても言及されていて、すっかり溜飲《りゅういん》が下がった。そのほか何かとダメ出ししてくる人のメンタリティに対して深澤さんはこう言う。

「女はこうあるべき」って圧力かけてくる人は多いけど、私がどーでもいいと思っていることを矯正しようとする人の話を聞いてもしょうがない。

自分がおかしいと思っていることを、誰かが同じようにおかしいと思っている、それだけでもう救済だ。そのことの幸福を、読んでいる最中ずっと全身で感じた。

人生のいろんなタイミングで何かしら心の萎縮を感じたことのある人は、この本を読むと頭の中に鳴り響くはずだ。ファンファーレが。

みんな読もう！

『部長、その恋愛はセクハラです！』牟田和恵（集英社）

昔から疑問だった。女性問題と聞くと、なるほど、女の問題ね、俺、男だから関係ない、と人ごと気分で平気そうな男の人たちが、どうしてこんなに多いのだろうか。ちょっと待て、むしろ男の問題だろうが、おまえらがおかしい言動しなければ、それを黙認しなければ、女性問題なんてそもそも存在しないだろうが、という気持ちになる（年中ムカムカ）。

だから女性問題などを扱った本が、ピンクや赤色の表紙で、かわいらしいイラストが添えられていると、非常にはがゆい。そういう本こそ、男の人たちに読んでほしいからだ。しかし、彼らはピンクや赤色の表紙の本など女の本だと思い、手に取ろうともしないのがほとんどのケースだろう。つうか、おまえが読め、おまえが読め、おまえが読めよ！　と思う。

職場や学校でなぜセクハラは起こるのか、なぜ男性は女性の「ノー」に気づかず誤解するのか、そのメカニズムについて書かれた『部長、その恋愛はセクハラです！』は、新書だ。ほら、男たちよ、新書が大好きなんだろ（偏見）、しっかり読んでもらおうじゃないか。「鈍感

でいられるのは、相手の女性を軽く見る気持ちがあるからです」など、数々の名言を目に焼き付けてもらおうじゃないか。

しかし、この本を読んで、自分も「セクハラ」をちゃんと理解していなかったことに気づかされた。過去の、なんか違和感あるな、居心地悪いなと思っていたことが、あれ、セクハラだったんだ！　とわかり、今さらぐったりした。

また、すぐに謝罪すれば大事にならなかったのに、「セクハラ」という言葉に男性側が過剰反応し誠実な態度を取らなかったため、「事件」になってしまったケースが多いことにも驚かされる。小さな出来事であっても、そうだよ、あのとき、ただ謝ってほしかった、と思い当たる女の人も多いのではないだろうか。

極力男性側に立って語られることで、自分の態度が男性側にはこう見えているということが、また自分の「ノー」が伝わらなかった理由が、慄《おのの》くほどわかる。男女とも、社会生活における、これからの自分の態度を見直すいいきっかけになるはずだ。

父の心子知らず？

『脱走兵のいる家』伊藤潤二（朝日新聞出版）

母娘の愛憎を描いた作品が、この世にはたくさんある。多くは、やたらと干渉してくる母に苦しめられる、もしくは母に肯定してもらえなくて劣等感を抱く娘の物語だ。両者の距離が近すぎて、娘には逃げ場がない。

反対に、父と息子の物語となると、無口だったり、自分勝手で横暴だったりする父親を理解できずに、その背中をなす術《すべ》なく見つめる息子の姿が描かれることが多い。父からは歩み寄らず、息子も父を恐れて近づくことができず、両者の間には断絶が生まれている。

『脱走兵のいる家』収録の「父の心」を読んだときめずらしいなと思ったのは、それが子どもに干渉したくて仕方ない父の物語だったからだ。

遠藤家の三人兄妹は、一代で会社を成功させた社長である父に、厳しく育てられた。表向きの父は厳格で、それこそ背中で語るタイプだ。兄妹はときどき人が変わったように怖い顔ではしゃぎだし、次の日になるとそのことを全然覚えていない。

長男と次男に拒絶され、末っ子の美保にも心を閉ざされたと感じた父は叫ぶ。

「もっと素直になれ!! お父さんに心を開くのだ」

「わたしの心を受け入れろ〜〜〜」

娘は父の干渉を全力で拒否しようとする。なぜなら心を開くと、父が文字どおり、頭の中を乗っ取ってしまうからだ。不幸な幼少時代を過ごした父は、子どもたちに乗り移って遊びにふけることで、自分を慰めていたのだ。厳格な父を演じるため、一緒に遊ぼうと歩み寄ることもできず、子どもたちの身体を無理やり乗っ取る方法でしか、自分を解放することができない。

「心を開け〜〜〜

なぜ拒否するのだ〜〜〜」

と、まったく娘の目を見ずに、あらぬ方向を向いて自分を受け入れてもらおうと力む姿は、この世の父の不器用と悲哀を一心に背負ったといっても過言じゃないほどの名シーンだ(白目になるのも怖い)。また、この父が、「母と娘」や「父と息子」などの枠組みなど吹っ飛ばし、三人ともに全力で受け入れてもらおうとするところが、さらに哀れさを増す。父という存在の悲しさを描いた超超傑作。

悪女たちの勝ち

『レベッカ』（上・下巻）ダフネ・デュ・モーリア／茅野美ど里＝訳（新潮社）

ディズニー映画には、歴史に残る悪女が何人もいる。たとえば、『白雪姫』の鏡の女王、『101匹わんちゃん』のクルエラ、『リトル・マーメイド』のアースラ。「悪」である彼女たちは、もちろん最後にヒロインとヒーローに敗れる。

しかし、彼女たちは実は人気者だ。彼女たちのほうがヒロインよりも面白いし親しみが持てるという投稿に、賛同の声がたくさん上がっているのをネットで読んだことがある。同感だった。また、何年か前に、有名なコスメブランドから、ディズニーの悪役コラボの化粧品が発売され即完売したことがあった。私も血がたぎり何点か買ったが、ヒロインコラボでは決して感じない喜びがあった。悪女には、人をうきうきさせる何かがある。

悪女といえば、『レベッカ』を忘れるわけにはいかない。小説のタイトルにもなっているレベッカであるが、物語のはじめの段階で、彼女はもう死んでいる。一方、主人公の「わたし」は、主人公なのに物語中で名前を与えられない、貧乏で冴《さ》えない娘である。「わたし」は、マンダムという貴族に見初められて、お屋敷マンダレーに連れてこられる。本来ならばシンデレラ・ストーリーだ。

けれど、「わたし」は、死んだと聞かされた前妻レベッカの影に怯え続ける。お屋敷には、レベッカの愛用品がそのまま残され、夫は心ここにあらずで、本当に自分は愛されているのか不安。優雅で完璧な美しさを誇ったレベッカに心酔していた使用人のダンヴァーズ夫人は、「わたし」を陥れようと画策し、素直で鈍臭い「わたし」はその罠に見事に引っかかる。死してなお、お屋敷と使用人を操り、物語の中で一番の存在感をはなっているのがレベッカなのだ。

レベッカの死体が見つかることで、事態は犯人捜しの様相を呈するが、ここでもレベッカは、完全に全員を出し抜く。お見事としか言いようがない。謎が解け、ようやくレベッカから解放されたのに、まるで亡霊のような「わたし」と夫よりも、夫にレベッカを憎んでいたと聞かされて、はじめてレベッカに勝ったと喜ぶような「わたし」よりも、笑いながら死ぬことを選んだレベッカのほうが、やっぱり魅力的だ。レベッカの勝ち。

物語の中の物語

『九年目の魔法』ダイアナ・ウィン・ジョーンズ／浅羽莢子＝訳（東京創元社）

物語の中に、実際に存在する作品が出てくることがある。最近好きだったのは、海外ドラマ『ＧＩＲＬＳ／ガールズ』の中で、脚本・監督・主演のレナ・ダナムが、「イギリスの女は書かせるとすげえな」と登場人物の一人に言わせながら、『カサンドラの城』を読ませていたことだ。

私はこういうのが、昔から好きだ。作品の中の世界が、自分のいる現実と地続きであるように感じられるし、それが自分の好きなものだと、なんとなくうれしい。知らなかったものだと、あとでチェックしてみたりする。この「作品にほかの作品を教えられる」パターンで、これまでにいろんな作品に出合ってきた。だいたいの場合、作者たちは、ガイダンスの意図でそういうシーンをつくっているような気がする。「これも読みなよ、面白いよ」と。

このガイドの気持ちが物語の大きな軸になっているのが、『九年目の魔法』だ。十歳のポーリィは、ある日、ずっと年上の男性リンさんと友達になるのだが、それ以来、彼女のもとには

彼から本が届くようになる。『オズの魔法使』『砂の妖精』『トムは真夜中の庭で』『宇宙戦争』……、どれも実際に存在している本ばかりで、小包には、こんな手紙が添えてある。

「どんな人もこれを読まずに育ってはいけない、と本屋が教えてくれたものばかりです」

また、リンさんがきっかけで読書にのめり込み始めたポーリィに『三銃士』を差し出しながら、図書館の司書はこう言う。

「最初のうちは難しいかもしれない。でもそれだけで嫌いにならないで」

読んでいる間中、作者の筋金入りのガイド魂に、おぉ～と歓声を上げたくなった。また、この本の素晴らしいところは、それらの「本」を読んだ少女に、どんな力が備わるかまで描いたところだ。

十九歳になったポーリィは、リンさんから送られた数々の本が、彼女への〈SOS〉だったことに気がつく。彼（本）との出合いから九年目、読書で培った知識と機転と想像力で、ポーリィはリンさんを救うことができるのか？

この本を読むと、あなたにも聞こえてくるはずだ。「ね、本ってすごいでしょ？」という作者の声が。

「好き」のかわいらしさ

『君曜日　鉄道少女漫画2』中村明日美子（白泉社）

あるとき喫茶店に入ったら、おいしいものに詳しい友人が、「ここではサバランだから」ときっぱり宣言した。「それ何?」と聞いたら、本当に幸せそうな顔をして、「おいしんだよ〜」と彼女は言った。その顔に釣られて、私もはじめてサバランを食べてみた。お酒の入ったシロップが染みていておいしかった。その後もたまにサバランを食べてみるのだが、その度、友人の「おいしんだよ〜」の顔が頭の中に再生される。誰かの「好き」って周りに伝染する。

「私、サバランが食べたいわ」という妻の一言がきっかけで、『鉄道少女漫画』収録短編「木曜日のサバラン」のサラリーマンは、いつもと違う駅に降り立つ。昔ながらのケーキ屋さんで無事サバランを見つけた彼は、店の奥に木曜日だけ開放される鉄道模型室があることを知る。そこには鉄道模型が好きな男の人たちが静かに集まっているのだけれど、ある日黒髪セーラー服の少女アコが現れる。

サバランや鉄道模型、制服といったモチーフに対する登場人物たちのフェティッシュがさり

げなく描かれ、かつ自分の大事な人の好きなものを尊重したいという気持ちが、とても心にやさしい作品だ。

この短編を膨らませて一冊にまとめたのが、『君曜日』だ。あいかわらず鉄道模型室に通っているアコは、くだんのサラリーマンに片思いしているが相手は既婚者なのでどうしようもなく、かたや毎週セーラー服の少女と夫が同じ場所にいることを知っている妻は、夫に「学校の制服って何だった?」と聞かれ、「どうせジャンスカよ…」と引け目を感じて、ひとりごちる。

アコ自体はセーラー服に無頓着で、目下の問題は、積極的にアプローチしてくる塾の同級生だ。そいつにワンピースを着ろとかスカートは「あんまし短いのは俺的にも」とか言われて、「…べつにあんたの好みはどうでも…」とアコは思うのだけど、実際ワンピースを着てみたときの、試着室の鏡に映る自分の姿を恥ずかしそうに、うれしそうに見つめる姿が本当にかわいい。このマンガを読むと、それぞれの何かを、誰かを好きなときの幸せな気持ちが、サバランにフォークをさしたときみたいに、ジュワーと心に染みてくる。

船旅は人生を変える

『名もなき人たちのテーブル』マイケル・オンダーチェ／田栗美奈子＝訳（作品社）

高校生のときに見た『タイタニック』を今思い出すと、あの主役の二人、正気か、という気持ちに襲われる（当時は感動して泣きに泣いた）。二人がタイタニック号と運命をともにすることを選んだ結果、レオ様演じる貧乏な男は命を落とす。少し冷静になればわかるはずだ。裕福な女のほうが金持ちボートに乗って身の安全を確保しておけば、あの男はあれだけ機転が利くのだから何とか生き残るはずだし、時間と場所を決めて後で再会すればよい。けれど有無を言わせぬ気迫と若さがあの二人にはあった。怒濤のように流れ込む波！　砕ける氷山！　沈む船！　すべては運命の恋に落ちた二人の心象風景ではなかったか。恐ろしいのは、あれがたった四日間の出来事であることだ。その短い間に、偶然同じ船に乗り合わせた人たちの人生が、徹底的に変わってしまった。

『名もなき人たちのテーブル』も、偶然同じ船に乗り合わせた人たちの物語である。母の住むイギリスに一人向かうことになった少年は、友人たちと船中を散策して回り、大人たちを観察し、時にはいたずらや小さな犯罪に手を貸して、冒険を楽しむ。船の上は少年たちにとって、財宝が詰まった宝箱のようなものだった。あまりのエンジョイぶりに、こっちも興奮している彼らと一緒にはしゃいでしまった（精神的な意味で）。

食堂で少年たちが座ることになったのは、いちばん身分の低い人たち、けれど個性豊かな面々が集う〈キャットテーブル〉、つまり「名もなき人たちのテーブル」だ。この人たちと親しくなった少年は、「面白いこと、有意義なことは、たいてい、何の権力もない場所でひっそりと起こるものなのだ」ということを、そして「興味深い他人たちのおかげで、人生は豊かに広がっていくのだ」ということを知る。

少年たちは船の上である秘密を抱えてしまう。大人になった少年の回顧形式で綴《つづ》られる本書は、その秘密に迫るミステリーでもある。たった三週間、けれど船に乗り込むときは子どもだった少年たちは、降りるときには、もう大人になっていた。下船した彼らは、それぞれ別の人生を歩んでいく。短い間に人生を変えてしまう船旅の恐ろしさと抗いようのない魅力、そして一瞬の少年時代が船の中に凝縮された、結晶みたいに美しい本。

「終わらない」人生

『殺人者の娘たち』ランディ・マイヤーズ／鹿田昌美＝訳（集英社）

受験の失敗、恋人との破局など悲しい出来事があった際、人はよく「終わった」というフレーズを使う。しかし実際は終わらない。普通に次の日がやってくる。むしろ終わってくれたほうがありがたいと思うようなときでさえ、そう簡単には終わらせてくれないのが人生である。本当に終わることができるのは、死ぬ瞬間だけだ。

また、事業に失敗した人や、事件の加害者そして被害者に対しても、同様に「あいつの人生終わったな」というような形容がされるときがある。しかし、これも正しくない。この人たちの人生もまた同じように続いていく。それが一番ハードなことであるように思う。当事者の家族や友人たちにとっても、その瞬間から本当の苦しみがはじまるのだ。

『殺人者の娘たち』は、まさにこのはじまりから幕を開ける。十歳のルルと妹のメリーは、両親のけんかに怯えながら暮らしていた。ある日、ルルは「パパを家に入れちゃだめよ」というママの注意を守らず、酔っぱらったパパを家に入れてしまう。その結果、パパはママをナイフ

で刺し殺し、その同じナイフでメリーの胸にも一生消えない傷を残す。この瞬間から、姉妹は「殺人者の娘たち」として生きていく宿命を背負うことになってしまう。

祖母の家、児童養護施設と住む場所を転々としながら、幼い姉妹はしたたかに生き抜いていく。利口な姉は現状を打破すべく、姉妹で裕福な一家の養女にしてもらうことを計画し、実際にそれを成功させる。それでも心は晴れることがない。独り立ちした姉は医者となり、妹は自堕落に暮らしながらもカウンセラーの道を歩んでいく。「あの瞬間」をひとときも忘れることができないまま、父親が刑務所から出てくる日に怯えながら。

この物語のこまやかなところは、二人で助け合って生きてきた姉妹でも、自分を癒す方法はそれぞれに違うのだ、ということを書いた点だ。大人になった二人は、それぞれ別の選択にたどり着く。

「あの瞬間」からの、姉妹の約三十年間を描いたこの作品を読むと、自分や誰かに対して「終わった」だなんて、決して簡単には言えなくなるはずだ。

怒れる少女が世界を変える

『ハンガー・ゲーム』（全三部、各上・下巻）スーザン・コリンズ／河井直子＝訳（メディアファクトリー）

『ハンガー・ゲーム』三部作、めちゃくちゃ面白いよ！　と言うと、だいたいこう返ってくる。「あのバトロワのパクリみたいなやつ？」。違う。声を大にして言いたい。その二つは、まったくの別ものだ。

確かに十代の少年少女たちが殺し合うという部分は一緒だ。けれど、実際のところ、『ハンガー・ゲーム』における、バトルロワイアルな部分は、物語の半分にも満たない。それでも多くの子どもや大人たちが熱狂した理由は何か。これは、三部作をかけて、ある大きなシステムをぶっ潰す話なのだ。

首都キャピタルによって分断された十二の地区から集められた少年少女たちが、最後の一人になるまで戦うのがハンガー・ゲームだ。ただ、強いだけでは勝ち残れない。あくまでもショーであるため、金持ち連中を味方にしないと、物資や武器を提供してもらえない。見せる能力も重要になる。主人公の十六歳の少女カットニスは、森育ちで、常に怒り続けているような性格なため（逆に言うと、彼女が常に怒っていられるように物語が展開する）、この点不利なのだが、周りの協力者からの、頼むから愛想よくしてくれ、などの要求にいやいや従うさまがいとおしい。想像だが、日常のさまざまな側面で、ハンガー・ゲームだと思えばがんばれる、と思っている子どもたちが、現在相当な数いるはずだ。それだけでもうこの作品には意味があった。だから映画版含めこの作品の悪口を言っている大人をたまに見かけるが、言うなよと思う。

第二部になると、本当のハンガー・ゲームは闘技場の外にあることが一気に見えてくる。今度は、ほかの地区の歴代の勝者たちが登場し、システムが存在する限り、勝者になったところで何も変わらないということが浮き彫りになる。結束しないように、大きな力にならないように、隔離されてきた住民たちが集まり協力し合える唯一の場所、それがハンガー・ゲームの闘技場だ！　と読んでいて気づくときの、カタルシス。そのまま第三部に突入！

また、大人たちが秘密裏にことを進め状況が二転三転しても、子どもであるカットニスには後から知らされることが多い。その彼女が語り手であるため、彼女と同じ怒りとフラストレーションが、読者にも伝染する。大きなシステムの中で、全貌や難しいことはわからなくても、ただ目の前のおかしな現状にひたすら怒り続ける少女が、世界を変える。これはそういう物語だ。

自分が自由になれる場所

『ロストハウス』大島弓子（白泉社）

親しくない人たちとの飲み会に行くから今日はアウェーだ、とある人が言ったのを聞いたときに、ということは、この人にはホームがあるのか、と変なところで驚いたことがある。私には、人間関係において、ホームとアウェーという意識がない。基本、すべてアウェーだと思っている。

自分が自由になれる場所、一緒にいると自由な気持ちになれる相手の線引きは、人それぞれ違う。一般的に、その範囲が広ければ広いほど、その人の行動範囲や友好関係も広いはずだ。外に出るのがあんまり好きじゃない人にとっては、自分の部屋こそ、自分が自由になれる場所だろう。誰だって、この世に最低でも一部屋は、自分が自由になれる場所が必要だ。

「わたしはこの世にたったひとつ好きなものがある。他人の散らかった部屋である」と語る『ロストハウス』の主人公エリは、小さなころに「奇跡」に遭遇した。マンションの隣の部屋に住んでいた新聞記者の鹿森さんに、「いつでも中に入って遊んでいいよ、でも服が汚れるよ」

と、部屋を開放してもらったのだ。忙しい彼は、部屋の片付けをせず、鍵は常に開いていた。エリは好きなときにごちゃごちゃした部屋に遊びに入り、その空間に「不思議な解放感」を覚える。はじめて手に入れた、自分が自由になれる場所だった。

けれど、そのドアは閉ざされてしまう。恋人を失った鹿森さんは行方不明になり、エリは「永遠に失われてしまった解放区」をいつまでも思いながら、窮屈な日々を送り、大学生になる。

あるとき、鹿森さんの消息を、エリは彼の元同僚から聞く。鹿森さんは今ではホームレスになっていた。そのことを知ったとき、元同僚はこう思ったとエリに告げる。

「彼はついに全世界を部屋にして、そしてそのドアを開け放ったのだ」

その一言で、エリの閉ざされていたドアが開く。彼女は思う。「この世界のどこでも、どろまみれになっても、思い切りこの世界で遊んでいいのだ」。「部屋」と「世界」は同じものだということに気づいた彼女は、朝の街を走り出す。

読んだ人の「自分が自由になれる場所」が、一気に「全世界」に拡大される、「奇跡」の物語。

物語るのは誰なのか

『幸福の遺伝子』リチャード・パワーズ／木原善彦＝訳（新潮社）

ネットの普及以前、物語る側と物語られる側は、はっきり別の存在だった。作家や記者といった物語る職業の人たちは、使命感を持って物語った。それ以外の人たちは、自動的に物語られる側となり、反論や感想があっても、自分には権利がないと口を閉じたことだろう。語られなかった物語で、世界はあふれていたはずだ。

今の世界は、語られた物語であふれている。ブログやSNSが普及し、誰でも簡単に物語ることができるからだ。物語る側と物語られる側という、はっきりした線引きはもはやないに等しい。物語られた物語が自分の思う事実と違う場合は、いくらでも語り返すことができる。物語った誰かが、ほかの誰かに物語られることだってある。ある意味、フェアだとも言える。

『幸福の遺伝子』に出てくる作家のラッセルは、ある日、あなたの書いた物語は事実とは違う、そのことで胸を痛めている人たちがいると書かれた手紙を受け取る。良心の呵責《かしやく》に苛《さいな》まれ、作家を諦めた彼が受け持った学校の作文コースには、常に幸福感あふれる女性タッサがいた。アルジェリアの紛争を生き延び、両親を失った彼女が朗らかなことに、ラッセルは奇妙さを覚える。考えてみれば、失礼な話だ。紛争を生き延びた女性が幸福に見えるのはおかしいと言っているのと同じことだから。そして、タッサには「幸福の遺伝子」があるのではないかとある科学者が言いだしたことで、タッサをめぐる大騒動が幕を開ける。誰も彼もが、タッサに殺到し、彼女について書き散らす。タッサは、ただ物語られる側の存在ではない。ビデオカメラを回し日常を切り取る才能を持ち、ある美しい一瞬を「創作」することができる。それでも世間は、彼女を容赦なく消費していく。

これだけネットが普及した世界では、誰もが物語る権利を持ち、物語られるリスクを有している。それでもまだ、私たちは、自分が物語ろうとする誰かの物語を、相手の物語る能力を侮ってしまう。タッサの座右の銘はこうだ。「私は神よりでしゃばった判断を下さないようにしています」。誰かについて物語ることは、その誰かを消費することだ。その危険性を忘れたくないと思った。

「女」モンスターVS「男」モンスター

『ゴーン・ガール』（上・下巻）ギリアン・フリン／中谷友紀子＝訳（小学館）

「パンティー」という言葉を男の人が使用した際に、ぞわわと鳥肌が立つような嫌悪を覚えるのは、自分が日本人だからだろうかと思っていた。が、『ゴーン・ガール』を読んで、アメリカ人女性にとってもそうらしいことを知り、大層感銘を受けた。

主人公のニックは、一緒にいる男性が「パンティー」という言葉を使ったときに、傍らの女性が顔をしかめるのを見逃さない「気がつく」タイプの男だ（「女性はそう呼ぶとぞっとするらしい。〝嫌いな言葉　パンティー〟でぐぐってみるといい」）。NYでおしゃれなライター生活を満喫していた彼は、才色兼備の女性エイミーに出会い、結婚する。しかし電子書籍の隆盛で仕事を失った夫婦は、ニックの田舎である中西部に引っ越しを余儀なくされる。自由気ままで素敵な生活を送っていたときから薄々感づいていた二人の化けの皮が、同じく不況にあえぐ田舎で次々と露《あらわ》になっていく。気の利く「いい男」を演じていたニックは、実はよくいる男尊女卑の男に過ぎず、「いい女」を演じていたエイミーは、夫の態度に欲求不満を募らせ、常に不機嫌。「理想の夫」、「理想の妻」なんて、この世には存在しないのか。そんなある日、多量の血痕を残し、エイミーが失踪してしまう。

この作品は、月並みな男女間の「あるある」を利用しながら、思いもよらぬ展開に読者を叩き落とすミステリーである。男たちに「いい女」であることを求められ続けた女の復讐劇かと思いきや、物語が進むにつれて、エイミーはそんな簡単な女じゃないことがわかってくる。彼女は実はモンスターだったのだ。しかし、ニックもまた「男」というモンスターである。「女嫌い」(「きみは卑劣で、利己的で、狡猾《こうかつ》で、抜け目のないサイコ女さ」)と「男嫌い」(「あなたはただの男よね。月並みで、怠惰で、退屈で、臆病で、女が怖い男」)という病いに冒された男女のモンスター大戦。こんなの面白いに決まっている。

また、この物語は、「理想の夫をつくる方法」として読むと、大爆笑間違いなしである。エイミーぐらいやらないと、妻の気持ちによく気がつき、いろいろ動いてくれる旦那様はつくれない!?

＊この後映画化されたが、原作のほうはニックがもっと善戦している。

母の人生、あなどるなかれ

『秘密』（上・下巻）ケイト・モートン／青木純子＝訳（東京創元社）

自分の轍《てつ》は踏ませまい。そう思って、母は娘の進路に干渉する。しかしそれがわずらわしい娘は、自分は母とは違うのだと反発し、違う道を進もうとする。そしてだいぶ経ってから、母の忠告の意味をようやく理解した娘は悟る。自分も母と同じだったのだと。

この、世界中の母娘間で繰り返され続けてきた、もうありふれたとさえ言える女たちの過ちが、『秘密』では世代を超えて描かれる。

国民的大女優のローレルは、かつて戦争を生き延びた母のドロシーについてインタビューで問われた際、「母は頑張り屋でした」と答える。じつは、ローレルは少女の頃、母が見知らぬ男を刺し殺すのを目撃した。事件の後すぐに、自分の夢を叶えるため、少女は家を飛び出す。それから何十年も経ち、成功を収めた彼女は母の死期を前にして、あの日の謎を、そして母の秘密を解こうとする。

時代を生き抜こうとする女たちの人生が描かれるこの物語の中で、自信に満ち溢れた若い頃

の彼女たちは、母の言葉に耳をかさない。象徴的なシーンがある。若いドロシーは自分の可能性を信じ、都会に出て行く際に、家事の手引書である『ミセス・ビートンの家政読本』を母から手渡される。けれど彼女はその本を読もうともせず、雑誌で見つけたファッションの切り抜きを上から貼り付け、自分のスクラップブックにしてしまう。

しかしバラ色の未来を夢見ていた娘たちは、社会の荒波にもまれ、すぐに理解する。この世は自分の思い通りにはならないのだと。

そのことを学んだとき、ドロシーと隣のお屋敷に住むヴィヴィアンは、自分の人生を「頭の中に繰り広げて」生きていくことを選択する。それぞれ違う方法で。

母娘間の葛藤や、無知で傲慢《ごうまん》な娘が失敗する物語なんてもう知ってる? 気を抜かないでほしい。あなたのよく知っている物語は、同時にこの物語の目くらましでもあるのだ。私もすっかり騙された。

『秘密』は、神様に与えられた「第二のチャンス」を最後まで守り切った、一人の「頑張り屋さん」の物語だ。年をとった娘は、平凡な主婦だと思っていた母の「頑張り」の凄みを知る。娘たちよ、母の人生をなめてはいけない。

日常に潜む悪意の不気味さ

『バン、バン！　はい死んだ　ミュリエル・スパーク傑作短篇集』ミュリエル・スパーク／木村政則＝訳（河出書房新社）

世の中の悪意に驚くことがある。

毎日のニュースには、目を疑うような酷い事件が次々と現れる。奇妙だったり、謎が多かったりで、これが本当に現実に起こった事件なのだろうかと、信じられない気持ちになることもしばしばだ。

けれど、大抵の人にとって、悪意の存在を一番思い知らされる場所は、日常生活の中じゃないだろうか。

たとえば職場で、何か理不尽な出来事が起こる。どう考えてもおかしい状況なのだが、周りがその出来事を当たり前のように受け止めているので、自分も結局受け入れざるを得なくなる。たとえば人間関係で、思わぬ誤解を受けていることが判明する。自分の言動がそもそもの意図とはまったく違う方向に曲解され、勝手な噂がささやかれていることが、ある日、ふっと耳に入る。などなど、悪意は毎日の生活の中で、急にあなたの前に顔を出し、驚かせる。

この日常に潜む悪意の不気味さ、居心地の悪さがオンパレードなのが、短編集『バン、バン！　はい死んだ』だ。

幸せな友人夫婦の家に遊びに行った未婚女性が、夫婦間の悪意のだしにされる「双子」「バン、バン！　はい死んだ」などは、ぎゃー、わかる！　の連続。少しでも似たような目に遭ったことがある人は、そのときの気持ち悪さをそっくりそのまま追体験することになるだろう。

職場に何かを忘れたことがどうしても気になり、オフィスに戻った女性が自分の忘れ物を見つける「捨ててきた娘」や、仲良し四人組の間で起こった殺人事件を、殺された当の本人が案外気さくな調子で語ってくれる「ポートベロー・ロード」など、ホラーなのだけど必ずどこかユーモアを感じさせる作品ばかりだ。くすくす笑いながら、意地悪し合っている感じ。「ミス・ピンカートンの啓示」では、「しょせん、女ですから」と言われ、自分の説明を信じてもらえなかった女性が、「ある態度」に出ることで勝利を収める。

世界の悪意にただただ巻き込まれているかに見えた語り手が、本当は誰よりも悪意に満ちた存在だったことがわかる瞬間の、ぞっとする気持ち良さがこの作品集にはある。

現実の悪意は勘弁だけど、ミュリエル・スパークが描く悪意は、きっと癖になるはず。

憧れが野心に変わるとき

『仮縫』有吉佐和子（集英社）

洋服の描写が素敵な小説を読むと、テンションが上がる女性読者は多いはずだ。まず、次の抜粋を読んでみてほしい。

「細くて思いきり高いヒールは、隆子の脚をいつもよりずっと美しく見せていた。エナメルの黒は、日本では冬はく人がいるが本当は夏のものだという知識も、この頃の隆子は持っている。だが今朝は、それを知ってエナメルの黒をはいてきた。春が来ていたから。そして隆子の気持ちは一足先に初夏の気分に浸っていたから」

テンション上がる！『仮縫』は、二十二歳の洋裁学校の生徒・隆子が、オートクチュールのお店「パルファン」のお針子として引き抜かれるところからはじまる。洗練の極みである女主人・松平ユキが率いる「パルファン」には、裕福な夫人たちが次々に訪れる。駆け出しの隆子は、針拾いや仮縫いの手伝いをしながら、目の前に開けた新しい世界に心酔していく。

「ライラック色の帽子を作ったのよ。フラワーハットの派手なの。この服にぴったりすると思

うわ」

「お帽子と手袋を拝見して、中間の藤色のスカーフをお作り致しましょうか」

など、女主人と客との会話を聞いていると、私にも作ってくれ！　と叫びたくなる。美しいアクアマリンの指輪を見せ、「どうかしら。これに適《かな》うドレス考えてみてよ」と優雅に口にするマダムの姿に、隆子じゃなくても憧れてしまう。

ユキに音楽会に誘われた隆子は、精一杯のお洒落《しゃれ》をしていく。隆子の赤いスーツは、ユキのチャコールグレーのアンサンブルと指に光るダイヤモンドと比べると、野暮ったい。落ち込む隆子だったが、トイレの鏡に映る自分の姿を見て思う。「私は若い！（中略）この若さはおそらく、松平ユキのダイヤモンドに匹敵するだろう」と。彼女の中で、「憧れ」が「野心」に変わった瞬間だ。

成功し、高価なものを身に纏《まと》うようになった隆子には、苦すぎる結末が訪れる。彼女は本物ではなく、まだ「仮縫」の状態だったのだ。けれどこの小説には、「仮縫――それはなんという夢多い状態だろうか」という一文もある。

失敗してもめげずに、自分の足で歩いていこうとする隆子の姿が力強い。

この作品のノワール版とも言える、ミーガン・アボットの『暗黒街の女』も好き。

本当の意味で「泣ける」小説

『さよならを待つふたりのために』ジョン・グリーン／金原瑞人・竹内茜＝訳（岩波書店）

二年前に英米で発売されるやいなや、社会現象と言ってもいいくらいの大人気となったヤングアダルト小説がある。映画版『きっと、星のせいじゃない。』も大ヒットしたその本が、『さよならを待つふたりのために』だ。

十六歳のヘイゼルは、甲状腺がんが肺に転移したため、四六時中酸素ボンベが手放せない。キャリーに載せた酸素ボンベといつも行動を共にしている。彼女はある日、骨肉腫で片脚を失ったオーガスタスに出会い、恋に落ちる。

あらすじを読むと、よくある、読者を感動させるために「難病」を利用したラブストーリーと誤解されるかもしれない。だけど、この小説はそういうわざとらしい話とはまったく違う。むしろ、安易に感動する、感動させようとする社会に、体全体で「ノー!!」と叫んでいるような物語だ。

ヘイゼルは自分のことを「手榴弾《しゅりゅうだん》」のようだと言う。死んだ時に周りにいる家族や友人たちが悲しみ傷ついてしまうかもしれないから。そして「犠牲を少しでも減らしたい」と、静かに世界から距離を取っていこうとする。

そんな自己顕示欲を持たない彼女だけれど、同じように難病を患った子どもたちが亡くなるたびに、人々が思い出をただただ美しくしてしまうことに怒りを覚える。お見舞いにも来なかったのに、故人のSNSに「のこのこ」現れて、美しい哀悼の言葉を残す人たちだ。誰かの「あたしたちの心の中でずっと生き続けるよ」というコメントを見た彼女は、「特にこの書きこみにムカついた。この言葉の裏には、本人は死なないって前提がある」と的確に腹を立てる。

ヘイゼルとオーガスタスはわかっている。世の中が求めるきれい事と、自分たちの喜びと苦しみはまったくの別物だということを。悲しいことがあった時も、「悲しい話をどう話すかくらい選ばせてくれたっていいはず」と、面白おかしく語ってみせる。残された時間を、時に毒っけのある、ユーモアに満ちたやりとりで彩る二人の姿が、いとおしくていとおしくてたまらない。

この作品は、日常にインターネットやSNSが存在するのが普通となった社会に生きる若い世代にとって、必ずや意味のある読書体験となるはずだ。ぜひ十代の子たちに贈ってあげてほしい。大人にも全力でお薦めしたい、本当の意味で「泣ける」小説。

「外道」を生きる娘たち

『少女外道』皆川博子（文藝春秋）

世の中で一般的とされている趣味や好み、性格をしている人たちは、ある意味それだけで幸せだ。違和感なく生活することができるし、周りから浮くんじゃないかと、びくびくしながら生きる必要もない。しかし、自分の中に異質なものを発見した時、人は外道を生きることとなる。

『少女外道』は、戦前戦後現代と、「外道」という宿命を生きた者たちの短編集だ。表題作「少女外道」の久緒《ひさお》は少女の頃、「血と傷を偏愛する自分」に気づく。気持ちを押し込めたまま老女になった久緒の中で、彼女の偏愛は静かに息づき続けている。

「隠り沼の」の乙矢《おとや》は、義姉の中学生になる娘へのプレゼントに、本物の解剖器具を与えてしまう。娘が欲しがったからなのだが、それは駄目よ、と大人としての判断をすることが乙矢にはできない。大学生になる義姉の弟には、手製のぬいぐるみをプレゼント。普通の大人である義姉は、生理的と言ってもいい感覚で乙矢を嫌がる。普通の人はズレた人間に敏感だし、異質

な存在を恐れ排除する。離婚届を置いて消えた乙矢に共鳴するのは、あの日解剖器具を与えてもらった少女一人だけだ。

「標本箱」は、世間体が悪いと同じ女に捨てられた、二人の女の物語だ。十五歳の少女・倫は、死んだと聞かされてきた母の妹・千江が精神科病棟で生きていることを知る。事実は、「駆け落ちだの、心中のし損ないだの、外聞が悪すぎる。死んだことにして、葬式も出した」ということだった。

東京の女子専門学校に入学した倫は、千江が大事にしていた標本箱を手に病院を訪れる。標本箱に収められた鉱石の名をすべてそらんじた後、千江は倫をまじまじと見つめながら言う。

「あなた……わたしかしら」

卒業後、英文タイピストになり東京で自活する倫に、「嫁がない娘がいるのは外聞が悪いから義絶する」と母は告げる。かつて妹に告げたのと同じように。昔はびっくりするような理由で家を出された女の人たちがたくさんいたと私も聞いたことがある。家を失った彼女たちは、その後外道を生きていったのだろうか。

この本を読んで、社会の物陰にひっそりと存在する、影の世界の壮絶さ、美しさに目を奪われたあなたはもう元には戻れない。世界がひっくり返る。

「女は運転したいのよ」

『ミルクマン』スティーヴン・キング／矢野浩三郎＝訳（扶桑社）

大学を卒業してすぐに運転免許を取得したのだが、それから約十五年、完璧なペーパードライバーを誇っている。なんだかもったいないような気もするが、でもいいのだ。運転免許証を持っていれば、いざとなったら、自分はフィリアになることができるから。

『ミルクマン』収録「トッド夫人の近道」には、二人のトッド夫人が出てくる。一人目のトッド夫人はある日失踪。それから八年後、ワース・トッドは二人目の妻を娶《めと》る。一人目のトッド夫人ことフィリアはよくできた妻で、町の行事にも積極的に参加していた。失踪前の彼女が夢中になっていたこと。それは、車を運転し、近道を探すことだった。

フィリアは次から次へと近道を探していく。速く、もっと速くと。そして森を突っ走る。しかもこの森は普通じゃない。木々が蠢《うごめ》き、不思議な化け物が存在する、幻想の森だ。新たに見つけた近道を車でぶっ飛ばすたびに、トッド夫人の美しさは増し、高校生に見えるまでに若返っていく。

トッド夫人の「どこかわがままで、自由な気配」に、トッド夫妻の別荘の管理人ホーマーは魅せられる。彼女のお伴をするようになったホーマーに、自分にとって近道とは何なのか、フィリアは語る。

「わたし、あそこでは、普通じゃないの……あそこでは、すっかり自分自身なのよ。あの車であの道を走るとき、わたしはオフィリア・トッドじゃない。子供を産めないワース・トッドの女房でも、ヘボな詩ばかり書く女でも、委員会の会合に出て議事録をとる女でも、ほかのなんでもありゃしない。あの道を走るとき、わたしは自分の真ん中にいるの」

「男が理解していることと、女が望んでいることとは違うのよ。女は自由になりたがっている、それだけだわ」

そして、フィリアはこう締めくくる。「女は運転したいのよ」と。

「トッド夫人」という肩書を捨て、失踪した彼女は今どこにいるのか？　というか、どこらへんをぶっ飛ばしているのか？　四十ページ余りの短い作品ではあるが、ページの端々から、車に乗って疾走するフィリアの喜びと爽快感が、ものすごいスピードで飛び出してくる。胸の中が自由な気持ちで満タンになる物語だ。元気のガソリン補給が必要になった時に、ぜひどうぞ。

息がすごく楽になる

『プラトニック・プラネッツ』雪舟えま（メディアファクトリー）

すべては「地球観光の思い出」として、創作活動を行っているのが雪舟えまだ。私はことあるごとにこの概念を利用させてもらっている。

例えば先日、とある掲載誌が届いたのだが、自分のページに嘘みたいな誤植があった。落ち込みかけたのだが、心の中で素早くこう唱えた。「誤植襲来も地球の思い出」だと。そうしたら、心がちょっとだけ軽くなった。悲しい時、おかしなことがあった時、自分は地球に観光に来ているのだと思うと、離れたところから問題を見つめることができる。観光中なんだから、小さなことは気にせず、楽しまないと損だと思える。これは雪舟さんが教えてくれた魔法の呪文だ。

彼女の『プラトニック・プラネッツ』も、魔法の呪文のような一冊だ。主人公のすわのが住む世界では、お葬式は建物の屋上で行われる。故人は、霊柩車《れいきゅうしゃ》のかわりに、荻原楯が働く宇宙船みたいな「斎の船」で空へと上っていく。その場で偶然歌を歌ったすわのは、「こっちがほんとうだ」と本能に導かれるまま、会社から去り、恋人を置いて、おとむらい専用の歌手として働きはじめる。彼女は「斎の船」から街を望み、宇宙から地球を見下ろす。今まで住んでいた世界を離れた場所から静かに見つめ、新しい世界で自分が本当にやりたいことに情熱を傾けるのだ。

雪舟さんの小説を読むと、つまらない常識や、窮屈に感じていた事柄から一つ一つ解放されていく自分がいる。いつでも仕事を辞めてもいいよと栖はすわのに言う。理由は、「人の心は変わるんだ。心が離れたのに惰性で仕事することのほうがよっぽどいいかげん」だから。ある理由で、栖への恋愛感情から解放されたすわのは「息がすごく楽」になったことに気づく。「だれかと恋人同士になるとき、よろこびの陰で、性別があることによって人類がくり返してきたことに自分もまた飲みこまれるのか、という苦しさがいつもつきまとっていたことを思い出す」という箇所には、私の中にも確かにこの苦しみがあったことに驚かされた。

ページをめくればめくるほど、星や光のようなきらきらしたもので体の中が満たされ、うれしい事実に気づかされる。心を解放し、自由に生きるということは、自分にとってだけではなく、世界にとっても良いことであるのだと。

「性」と「正しさ」の暴力性

『先生の白い嘘』（1～3巻、以下続刊）鳥飼茜（講談社）

二〇一四年の春、「今すぐ絶対に読んだほうがいい」と、打ち合わせ中の編集者さんに前のめりで薦められたのが、一巻が出たばかりのこのマンガだった。早速本屋に寄って買い、読んでみた。その日の夜、別の打ち合わせの最中、「今すぐ絶対に読んだほうがいい」と、今度は自分が前のめりで語っていた。その後も、エア営業の人として、いろんな人に薦めまくっている。

『先生の白い嘘』はとんでもない。ページの隅々から、声が、叫び声が聞こえてくる。主人公の原美鈴は高校教師である。生徒たちに「正しさ」を教える立場にある彼女は、過去にある「暴力」の被害にあったことから、自分の「正しさ」を失ってしまった。

美鈴先生は怒っている。絶望している。社会に、男たちに、そして女たちに。この作品が描くのは、「性」の対立である。男対女という、いつまでたっても解決される兆しのない異性間の対立に、意外と根深い同性同士の対立。登場人物は皆、異性であれ、同性であれ、わかり合

えない。

さらに、この対立には、自分自身も含まれる。彼らはおのおのが違うやり方で「性」と向き合い、疑い、正当化して、生きている。どう「性」と生きることを選んでも、苦しい道に見える。この「性」という言葉を、「正しさ」に置き換えてもいい。「性」って、「正しさ」って、どうしてこんなに暴力的なんだろう。どうしてこの暴力を、私たちはずっと受け入れて、生きてきてしまったんだろう。読んでいると、いろんなことを考える。

驚くのは、こんなにも叫んでいるのに、ヒステリックな叫び声に少しもなっていないことだ。これまで女性が声を上げるたび、社会がどのように彼女たちを「ヒステリック」扱いしてきたか、作者がしっかり自覚しているからではないか。あくまでも冷静に、絵も言葉もぎりぎりまで尖《とが》らせて、『先生の白い嘘』は闘っている。また、ほかの連載『おんなのいえ』や『地獄のガールフレンド』を読んでいても強く思うが、彼女はずらすのがめちゃくちゃうまい。既存の展開から少しずつずらしていって、新しい場所に連れていってくれる。

『先生の白い嘘』は現在三巻まで刊行されているが、さらに深化し、研ぎすまされている。すべてのページにカタルシスがあり、震える。本当に、今すぐ絶対に読んだほうがいいです。

日常に付箋をつけてくれる

『池田澄子句集』池田澄子（ふらんす堂）

昨年、誘われて俳句をはじめた。実際俳句を作ってみると、十七文字というのは思いのほか短く、言いたいことをぎゅっと凝縮させるのに毎回苦労している。俳人の作品にも、前よりはいろいろ目を通すようになった。好きな作品や気になる作品は、ぱっとその情景が頭に浮かんだり、どこか自分に近しいところがあったりするものであることが多い。

でも、よく考えてみると、池田澄子の作品だけは、俳句をはじめる前も折にふれて読み返していた。池田さんといえば、「じゃんけんで負けて蛍に生まれたの」「恋文の起承転転さくらんぼ」などが有名であるが、ほかにも素敵な作品がたくさんある。

ピーマン切って中を明るくしてあげた

生きるの大好き冬のはじめが春に似て

レタス沢山洗い遅日の手がきれい

口紅つかう気力体力　寒いわ

もうこれだけで、好きになってしまいませんか？　池田さんの作品を知ってから、私は俳句って付箋なんだと思うようになった。

例えば、とても大事なことや、嬉しいことがあったときに、でも他人にとってはどうでもいいことだろうな、などと考えて、ふっと冷めてしまうことがないだろうか。状況を客観視してしまうというか、自分で心に距離をとってしまうというか。日常の小さな喜びとか特にそうで、これは本当に「喜び」にしてしまっていいのかなと、自分でも自信がなくなってしまう。

だけど、池田さんの俳句を読むと、ああ、これはやっぱり素敵なことだ、「喜び」にしていいことだったんだと思える。普通の生活に潜む様々な瞬間に池田さんが付箋を貼ってくれたことで、日常が特別に、カラフルに見えてくる。レタスを洗うことも、口紅を塗ることも、日々の「喜び」であり、「発見」なのだ。疲れたときや、何かもやもやすることがあったときは、ぜひこの句集を開いてみてほしい。きっと日常に色を取り戻すことができるはず。

「いつまでも産める薬」があれば

『密林の夢』アン・パチェット／芹澤恵＝訳（早川書房）

こんな効果を持つ新薬が開発中だと聞いたらどうだろう。

「子どもを産む時期を、いくらでも先送りできるんだよ。踏ん切りがつくまで、納得できるまで迷っていられるんだよ。四十五歳ぐらいが限度じゃないか、なんて思わなくてもよくなるんだ。五十でも、六十でも、たぶんもっとあとになっても。いつでも子どもを産めるようになるってことなんだよ」

一瞬で、世界中の女性が目を輝かせるはずだ。キャリアを中断しなくていいし、タイムリミットに怯えることもなくなる。タイミングを逃し、後悔することもない。きっともっと自由な気持ちで皆生きていける。すべての女性にとって夢みたいな薬だ。

さて、聞き捨てならない冒頭のセリフが出てくるのが、『密林の夢』だ。離婚歴のある、四十代の製薬会社の研究員マリーナは、アマゾンの奥地への出張を命じられる。そこでは昔の指導教授であるスウェンソン博士が、ある新薬の開発のため、ラカシ族の研究を進めていた。同族の女性には閉経がなく、いくつになっても赤ん坊を産み続けることができる。夢の新薬は果たして実現するのか？　他人事《ひとごと》じゃないやと先が気になり、ページをめくる手が止まらなかった。

この仕事はマリーナや自分のような「オールドミス」にしか務まらないと言う七十代のスウェンソン博士。彼女は、女の医学生を排除しようとする男子学生たちに屈せず、キャリアを築いた「伝説」の鉄の女だ。脳内イメージが途中からメリル・ストリープになってしまった。研究に人生を捧げてきたかに見えた彼女に隠されたロマンスを、マリーナは密林で明かされる。はじめて知る、博士の「女の部分」だった。

偉大な功績を残した今は亡き男性研究者が不倫をしていた事実に対し、でもあの人はすごいんだと研究者夫婦の夫側が主張する一方、女に不誠実だった時点で褒められた人じゃないと妻側が言う場面など、全然アマゾンの奥地っぽい会話じゃなくて面白かった。リビングルームでの会話か。人ってどこにいても人でしかない。人としての限界からは逃れられない。

それでも、密林での日々が、二人の女に人生の契機をもたらす。マリーナの心によりそって、異境に踏み入る、ぞくぞくするような興奮と心地よさをぜひ味わってほしい。

「ヌード」でわかる日本人の知性

『ヌードと愛国』池川玲子（講談社）

どうして私たちは「ヌード」に振り回されてしまうのだろう。ドラマや映画で、女性タレントのヌードシーンがあると聞けば、「一皮むけた」「本格派女優に脱皮」などお決まりの言葉がニュースに並ぶ。ハリウッド女優たちのヌード画像がネット上に流出すれば、勢いよく検索してしまう。こんなにも皆「ヌード」が大好きなのに、裸になった女性に対して、「終わった」「汚れた」などの言葉を浴びせかけるという、不思議な事態になっている。私たちは「ヌード」が目の前に現れると頭がショートしてしまい、なぜそこに「ヌード」があるのかまでは、なかなか考えが及ばない。

『ヌード』は、裸体だが、『はだか』ではない。必ず意味が着せかけられている」というスリリングな一文で幕を開けるのが、『ヌードと愛国』だ。「官能、平和、母性愛、男性性」など様々な意味が巷《ちまた》に溢れる「ヌード」には付着しているが、本書で語られるのは、『『日本』をまとったヌード」である。歴史に残る七体の「ヌード」に隠された謎が解き明かされていくのだ

が、同時に繙《ひもと》かれるのは、アイデンティティークライシスを何度も経験した「日本」という国である。

第七章で登場するのは、七〇年代パルコの「手ブラ」ポスターだ。アート・ディレクターの石岡瑛子《えいこ》は、自分の収入を持つ女性がターゲットであるパルコのポスターになぜか、男性に人気があるはずの「ヌード」を起用する。彼女の意図は、「主体的なエロスを発信する女性像」を打ち出すことにあった。作者はこのヌードポスターを、「フェミニズム・アート受容の極めて早い例」だと言う。

また、四〇年代に作られた日本宣伝映画『日本の女性』は、当初のアイデアでは「海女」が登場する予定だったのが、最終的には美術教室の「ヌードモデル」に変更される。時勢を鑑《かんが》みた作り手側が、海外諸国に対して「日本」は「文明国」であるとアピールするための方策だった。

本書を読むと、これまで「ヌード」を見るたびに陥っていた思考停止が解け、新しい目で「ヌード」を見つめることができるようになる。作り手の知性が最も表れるのが、「ヌード」の描き方なのかもしれない。今の世の中に、ちゃんと意味の込められた「ヌード」はどれだけあるだろうと考えてしまった。

「複雑」にしない目

『娘の家出』（1〜3巻、以下続刊）志村貴子（集英社）

『娘の家出』の一巻が発売されてからというもの、これは良いなあとしみじみ何度も読み返してしまっている。オムニバス短編集なのだが、現実のいろんなことに対する登場人物たちの戸惑いと距離の取り方が、それぞれ真っ当で、とてもいじらしいのだ。人ってこういう「ぽっん」とした、途方に暮れた可愛い生き物だったんだなと、じんわりとうれしくなってしまう。

第一話は、女子高校生まゆこの家出からはじまる。家出の原因は母の再婚。まゆこが小学生のころ離婚した父は、今は同性の恋人と幸せに暮らしている（料理上手な、ぽっちゃりカップル）。両親の決断と変化に当惑する彼女だが、別に大袈裟《おおげさ》に悲しむわけではなく、ちゃんと受け入れる。そして彼女は彼女で、一目惚《ぼ》れをしたぽっちゃり男子との恋愛を満喫しはじめる。

まゆこの友人たちも皆、家族が離婚しているのだが、自分の置かれた環境を「複雑」にしてしまわない目を、それぞれが備えている。良い意味で、目が据わっているのだ。少し醒めた、まっすぐな視線で世界を眺め、失敗しては反省し、人としてちゃんとしたいという気持ちを忘

れない。

特に素晴らしいのが、まゆこの母親のエピソードだ。にこにこと常に微笑《ほほえ》んでいる彼女は、同性愛者であることを隠して結婚したことを夫から告白されても、怒らない。夫が去ったあと、さあ、これから娘を一人で育てていかないといけないと思うのだが、いかんせん料理が好きじゃない。「困った　お料理って全然したくない」と頬に手をあて、スーパーでぼんやりする。泣いたり怒ったり、ちゃんと感情を見せる人たちや、当事者である自分のことさえなんだか他人事のように眺めている彼女という人のことが、とても好きだと思った。第二巻では、今度はまゆこの恋人の母親が登場するのだが、「いい人」を演じてきた自分の中の毒との付き合い方を、彼女は自分なりに見つけようともがいている。大人も子どもも、静かに一生懸命だ。

志村さんの描く登場人物は、彼女の作品でしか会えない「顔」と「表情」をしている。漫画は作者の作風がそれぞれが違うのだからあたり前だと思うかもしれないが、でも特にそう感じるのだ。一人残らず本当に存在しているような気持ちになるし、どんなことでも自然なことのように思えてくる。心がほぐれる。

一筋縄ではいかない彼女たち

『クリスマスに少女は還る』キャロル・オコンネル／務台夏子＝訳（東京創元社）

小説、マンガ、映画などで物語に触れる喜びの一つは、いろんな意味で面白いキャラクターに出会えることだろう。特に、女性キャラクターが活躍する面白い物語にはうれしくなってしまう。でもそれは、「男勝りの強い女が周りに男の部下を侍《はべ》らせ、紅一点。私、アクションもこなします」みたいな類型的な物語のことではない。そういう作品には、そうじゃなくてさ！と腑《ふ》に落ちない気持ちになる。

そういうもやもやっとした気持ちが、キャロル・オコンネルのミステリーを読むと癒される。出てくる女性キャラクターがくせ者揃《ぞろ》いでうきうきしてしまうのだ。

小さな町に住む人々の隠れた顔が暴かれていく『愛《いと》おしい骨』なんて、正々堂々夫を素手で殴り殺した女や、過去を誰にも明かさないまま家政婦として働き続ける女など、面白い女のオンパレードだ。そして、最高なのが、サリー・ポーク捜査官である。「母性あふれる丸みを帯びた体つきと髪に混じる白髪」の彼女は、園芸クラブに通う主婦のような花柄のワンピースを身につけている。デスクの上には、温かなクッキーやブラウニー。でも「サリーと呼んでください」と微笑む彼女を甘くみて油断すると、痛い目を見る。火サスの主人公になって欲しい。

そしてキャロル・オコンネルが生み出した女性キャラクターの中でも最強なのが、『クリスマスに少女は還《かえ》る』のサディー・グリーンだ。十歳の彼女はクリスマスを控えたある日、親友のグウェンとともに、誘拐されてしまう。しかし、彼女はおとなしく誘拐されるような、か弱い少女とはほど遠い。「身の毛もよだつイメージで頭がいっぱいで、流血と暴力」をこよなく愛していて、部屋にはホラー映画やおどろおどろしいおもちゃがいっぱい。不意打ちのいたずらが得意で、普段から大人たちを驚かせている。

大人たちが二人を見つけ出そうと必死の捜査を続ける中、サディーとグウェンは、泣きながら助けられるのを待つのではなく、これまで培ったホラーの知識を使って、犯人に対抗しようとする。サディーの母親や顔に傷のある女性心理学者アリなど、ほかの女たちもとても良い。そして女性キャラが素晴らしい作品は、男性キャラも素晴らしいのだ。一筋縄ではいかない女と男たちを、思う存分堪能して欲しい。

永久に人を不幸にするもの

『帰還兵はなぜ自殺するのか』デイヴィッド・フィンケル／古屋美登里＝訳（亜紀書房）

春頃、カレン・ラッセルの「帰還兵」という作品を訳していた。この作品は、イラクからの帰還兵である青年と、彼を担当することになった四十代のマッサージ療法士の女性の物語だ。目の前で友人が即席簡易爆弾に吹っ飛ばされるのを目撃した青年は、自分を責め、その瞬間をタトゥーとして背中に刻み込む。戦争の記憶に苦しむ彼をマッサージでなんとか癒そうとする彼女は、彼と接することで、経験したことのないはずの戦争を違うかたちで体感することになる。訳しているうちに胸がつまって、何度も泣いてしまった。

ちょうどその頃、イラク・アフガン戦争から心に傷を負って帰還した兵士たちとその家族についてのノンフィクション『帰還兵はなぜ自殺するのか』が刊行された。読んでみて驚いたのは、「帰還兵」の世界が、想像していた以上にフィクションなんかじゃなかったということだ。本の帯に書かれた言葉によると、「生還した兵士200万のうち、50万人が精神的な傷害を負い、毎年250人超が自殺」する。妻は戦地から「別人」になって戻ってきた夫との生活に戸

惑いを隠せない。「献身的な父親で、家族思い」だった夫は、常に不安げで、突如として逆上し、時には家族に暴力をふるう。限られた職種でしか働くことができなくなった夫のケアだけでなく、金銭問題も妻には重くのしかかる。しかも、夫が自殺するのではないかという怯えを常に抱えることになり、実際、家の中で自殺した夫を見つけた女性もこの本には出てくる。また、生還することができなかった夫の不在に苦しみ続ける女性も。戦争は、戦地でだけ行われることではなく、家庭をも壊してしまう。夫が経験した戦場を、彼という存在を通して、家族も別のかたちで追体験することになるのだ。

しかもこの日々には終わりがない。若い帰還兵たちが通う復員軍人病院には、ベトナム戦争の帰還兵たちもいる。戦争の傷は何十年もの間、人の体に巣食い続ける。自殺者が増加している現実を知り、統計をとって自殺防止と兵士の精神衛生の問題に取り組もうとしている陸軍副参謀長は、「パターンがわかったところで、正しい治療法がわかるわけではない」と苦戦する。戦争は、誰のことも幸せにしない。今読まないといけない本だ。

物語を読むことで尊厳を守った女たち

『テヘランでロリータを読む』アーザル・ナフィーシー／市川恵理＝訳（白水社）

イラン革命が勃発した一九七九年、イランの女性たちは再びヴェールの着用を義務づけられる（以前の王政下では西洋的近代化が推奨されていた）。公の場で笑うことや、化粧も禁止。風紀取締隊が常に目を光らせ、身体検査や投獄、処刑が日常的に行われた。自由を奪われた彼女たちは恐怖と屈辱の日々を送り、翌年には八年に及ぶイラン・イラク戦争が開戦。状況は悪化していく。

『テヘランでロリータを読む』は、その恐ろしい圧政下で文学の力を信じ続けた英米文学者、アーザル・ナフィーシーの回想録だ。ヴェールをかぶることを拒否し、大学を追放された彼女は、優秀な女子学生を七人選び、自宅で読書会をはじめる。ヴェールとコートに全身覆われた若い娘たちはアーザルの家に着くとヴェールを脱ぎ捨て、部屋には色彩が溢れる。読書会の間だけ、それぞれの個性が顔を出し、自分の意見を自由に発言することができた。それは「私たちだけの部屋」、楽園だった。

彼女たちは、自らが置かれた現実を理解する糸口を探るかのように、小説世界に果敢に踏み込んでいく。残酷な男の夢によって少女の人生が破壊される『ロリータ』に、個人の人生を無視し、男の幻想を押しつける政府との共通点を見いだし、『デイジー・ミラー』の慣習に抵抗するヒロインの勇気に憧れる。祖母の時代に逆戻りしてしまった社会で、「イスラーム共和国はあたしたちをジェイン・オースティンの時代に連れもどしたのよ」と冗談を飛ばしながら、『高慢と偏見』を読む。「幸せになる方法をこれまで一度も教わったことがないんです」と言う彼女たちは、個人の「幸福」がテーマであるオースティンの小説に夢中になる。

知的な娘たちが自分の体や性のことになると無知であることを心配したアーザルは、「私たちの文化が性を遠ざけているのは、性に過剰にとらわれているからだ」と娘たちをアンバランスな存在にしてしまった社会を分析する。これは日本でも言えることだ。

「小説を読むということは、その体験を深く吸いこむことです」とアーザルは授業で生徒たちに言うのだが、小説を読むことで、彼女たちは自分の体験を客観視することができ、そして過酷な現実から逃げることもできた。読書によって自らの尊厳を守った女性たちのこの圧倒的な物語を読むと、すごく心強い気持ちになる。きっと彼女たちの勇気と強さを深く吸いこんだからだ。

「ハッピィエンド」にたどり着くまで

『花咲く乙女たちのキンピラゴボウ』橋本治（河出書房新社）

うおー、『花咲く乙女たちのキンピラゴボウ』が復刊！　少女漫画論の名著だと聞いて以来、待ちかねていた一冊だ。むしゃぶりつく勢いで読んだのだが、もう本当にすごかった（白目）。「はあぁ、すごい」「なるほど！」と、読んでいる間中、思わず独り言を発しまくり、付箋を貼りまくり、いたる所で泣いてしまった。

まず、「少女漫画」を語ることは、こんなにも「フェミニズム」を語ることだったのか、と驚いた。自分が「フェミニズム」や「自由」を教えられる前に感覚的に知っていたのは、少女漫画を読んで育ったからじゃないかとなんとなく思ってはいたのだけど、本当にそうだったんだなとこの本のおかげで確信できたことが心からうれしい。何より感謝したいのは、当時の少女漫画家たちにとって、「漫画を描く」ということがどういう意味を持っていたのか、という視点を作者が与えてくれたことだ。

初版が八四年に発表された本書には、大島弓子、萩尾望都、山岸凉子、陸奥A子など、私が小さな頃から繰り返し読んできた女性漫画家たちについての論考が収められている。たとえば、本来ならば男性ダンサーのサポートが必要である高度なポーズを、ヒロインのノンナが一人で決めてみせる場面（『テレプシコーラ』の、自分の身体能力以上の振付を自らに振り付けた六花の場面とともに、私の二大号泣シーンである）が死ぬほど好きな、バレエ漫画の傑作『アラベスク』。これは、それまで「個性」などいらないとされてきた「女の子」に「個性」がはじめて与えられ、「〃女の自立を達成させるものは男である〃という少女マンガの持つ根本テーゼからの脱却」を成し遂げた作品であると作者は言う。また、ヒロインのノンナの自立は山岸凉子自身の自立でもあると。

今よりもずっと「男の幻想」に基づいていた男性社会の中で、「常識」に困惑した女性漫画家たちは、漫画を描いていくなかで、世界を愛する方法を見つけようとした。自分が生きていくために。「女の子は結婚さえしてしまえば幸福」だとされている世界を「わからない」と思った大島弓子は、自分が「わかった」と思える世界を構築しようとし、本当の「ハッピィエンド」にたどり着いた。本人がそう思えなければ、それは「ハッピィエンド」ではないのだ。描くことで身を立てた少女漫画家たち、そして彼女たちの漫画を読んで救われてきた読者たちを丸ごと抱きしめてくれる、これは大きな、大きな手をした本です。

でも、人生を諦めない

『こうしてお前は彼女にフラれる』ジュノ・ディアス／都甲幸治・久保尚美＝訳（新潮社）

この腰が引けている男の人は何なんだろう。

『オスカー・ワオの短く凄まじい人生』を読んだとき、主人公オスカーのルームメイトにしてほとんど唯一の友人、ユニオールについてそう思った。オスカーの姉ロラを愛しているのに、彼女に対して不誠実な態度で浮気を繰り返す。そして最終的に彼女に捨てられてしまう。重量挙げの選手で遊び人、その実、オスカーの言動を正しく理解できるくらいのオタク力を備えた作家志望。努力はするが、何事も中途半端で楽な方に逃げてしまう彼は、オスカーとロラにちゃんと向き合うことができず、二人ともを失ってしまう。かなりひねくれた、変な人だ。

しかし、腰が引けているからこそ、ユニオールは、一歩引いたところから「凄まじい」オスカーを見つめ、物語ることができた。オスカーの人生にふらふら近寄ってみたり、しばらく離れてみたり。オスカーの才能を、愛に向かって猪突猛進するオスカーの勇敢さを誰よりも肯定し、内心羨ましそうでもあった。彼は不思議な語り手だった。

そのユニオールが主人公として登場する連作短編集が、『こうしてお前は彼女にフラれる』である。彼自身の物語であるにも拘わらず、相変わらず、彼の腰は引けている。

とにかく、他人と関係が続かない。恋人を愛しているのに、浮気を繰り返す（バカ）。そのことを日記に書いて、彼女に読まれる（バカ）。日記について、「なあ、これはおれの小説の一部だよ」と言い訳して、フラれる（バカ）。電子メールをちゃんと消去しなかったせいで、過去六年の間に、五十人の女の子と浮気していたことがばれる（バカ）。懲りずに、ほかの子にまた日記を読まれる（バカ）。その癖、いつまでも失恋を引きずり、病む（大バカ）。

短編ごとに違う時代のユニオールの日々が語られるが、だいたいどんな時代の彼も人でなしである。これは、「ドミニカ人の男はみんな浮気者」だからなのか。父や兄と同じ血が流れているせいなのか。

ところで、ユニオールは「彼女」たち以外にも、父と兄に「フラれ（ｌｏｓｅ）」ている。彼の父親は、幼い兄弟と母を捨てて、愛人の元に去る。大好きな兄は、癌に冒され、若くしてユニオールの人生から消えてしまう。この二つの悲しい「フラれ」た思い出が、その後の彼が「彼女」たちに「フラれ」続けてしまう原因の大きな一つであることは、容易に想像がつく。彼は誰かを失うときのダメージを最小限にとどめたいと思うあまりに、現在進行形の関係を深くつくることができないのだ。彼女と幸せなときも、「心の中でお前は、彼女がお前のことを大嫌いになるだろう――誰もみな大嫌いになるだろうと考えている」。彼は現実を恐れ、それが過去となったとき、ようやく直視することができる。別れた彼女たちはもう先に進んでいるのに、彼だけはまだ過去に囚われたままだ。

それが極まったかのごとく、いくつかの作品では、ユニオールの一人称でもなくなり、彼のことを「お前」と呼ぶ誰かが、彼のダメ人生を語り出す。まるで未来のユニオールが、過去のユニオールについて語っているように。現実をうまく生きられない彼は、とうとう過去の自分について語り出した。これでは、余計に現実がおろそかになってしまうのでは、と心配したくもなる。しかも語られる「お前」は、失恋からなんとか目をそらそうとして、ヨガやマラソンに病的にはまったりする。とにかく極端だ。

けれど、ユニオールから去っていった人たちは皆、時に恨み節も混じるといえど、すこぶるエネルギッシュでチャーミングな存在として語られる（死にゆく兄のでたらめな強さよ）。五十人と浮気をするというユニオールの方が絶対おかしいのに、彼の目を通すと、まっとうな生命力を持ち、着実に前に進もうとする周りの女たち男たちのほうが、命知らずのように思えてくるから不思議だ。かつてオスカーやロラに注がれた、自分から去っていってしまった人たちへの、「なんかすごいな、おまえら」という尊敬の気持ちと視線はここでも健在で、ユニオールが本来物語る側の人間であることがよくわかる。彼は狂った主人公でありながら、主人公になり切れない。彼の語りは、自分ではなく、周りの人々の息づかいを、人生を、浮かび上がらせる。浮気したりして人に迷惑をかけながら、同時にその人たちの生命力に圧倒されている。

やっぱりすごく変な人だ。

　そんなユニオールは、「彼女」以外に、もう一つの救済があることに気づいていた。それは物語を書くということだ。「嘘つきで浮気者のお前は心の中で、時に手に入れられるのは始まりだけだ、と知ってるからだ」という一文が物語中にある。もちろんこの一文はまさに恋愛の始まりについても言えるのだけど、同時に小説の始まりにも言えることなのだ、と悟った彼は腰を据えて、自分の小説を書き始める。たとえ「終わり」が見えなくても、「今度ばかりはしくじりたくない」という希望と意志を持って。

　過去の自分に「お前」と語りかけながら白いページを埋めていこうとする彼は、人生をまだ諦めていない。

世界に点在する小さな奇跡

『ことり』小川洋子（朝日新聞出版）

この物語は「小鳥の小父さん」が守り続けた小さな世界の物語だ。そして小さな奇跡の。その人に小鳥の小父さんという名を与えたのは、彼が無償で世話をしている鳥小屋のある幼稚園の園児たちだった。作者は、小父さんの名前を明かさず、ただ小父さん、小鳥の小父さんとして、彼をこの小説世界に存在させ続けた。なぜなら、小さな頃からずっと、どんなときも、彼は小鳥の小父さんだったからだ。それがまずとても大事なことだからだ。

小鳥の小父さんの仕事は、小さな世界を見つめること、そして守ることだった。この仕事をまっとうした。その証しとして、小鳥の小父さんは、物語のはじまりで、鳥籠をしっかりと抱きしめている。

鳥小屋の存在を小鳥の小父さんにはじめに教えたのは七歳年上のお兄さんだった。お兄さんは大好きな小鳥たちのさえずりをお手本に自分で編み出した言語を話し、この言語はお兄さんが好きなポーポーというアメにちなんで、ポーポー語と呼ばれた。お兄さんのポーポー語を理

解できるのは、弟である小鳥の小父さんだけだった。小父さんは、お兄さんと世界をつなぐ役割を果たし、小鳥の歌声やラジオから聴こえてくる音楽に一心に耳を澄まし、「他の誰にも分からない音を聞き取ろうとしている」お兄さんを見つめ続けた。両親が死んでしまった後もゲストハウスの管理人の仕事をしながら、お兄さんの整えられた小さな世界を乱さないよう守り続けた。この管理人の仕事でも小父さんに必要とされるのは「保存と安定」だった。その後鳥小屋の小鳥たちの世話をはじめる小父さんは、「じっと」変わらずそこに居続ける、ささやかな存在たちの世界が変わらないよう静かに見守る人であり続けた。兄弟の、他人から見ればいささか奇妙な、しかし二人にとっては至極理にかなった小さな生活はとても魅力的だ。

しかし、小鳥の小父さんは、ただ守るだけの人だったのではない。この物語には、小鳥の小父さんのほかにも、小さな世界を守る人たちが出てくる。青空薬局のおばさん、図書館司書、園長先生がそうだ。青空薬局のおばさんは二代にわたり、毎週決まった日に現れるお兄さんにポーポーを、大人になった小父さんに湿布を売り続けた。おばさん（たち）は、お兄さんの言葉がわからなくても別段態度を変えず、必ずいつも店のカウンターの定位置で自分の小さな店を守っている。図書館司書は、小父さんが鳥の出てくる本ばかり選んで借りていることにちゃんと気がつき、小父さんを尊重する。彼女は、図書館にある本を整理整頓、管理する存在だ。彼女が守る本の森には鳥たちが隠れていて、小父さんは森の中、自由に鳥を探して回る。園長先生は、鳥小屋の掃除をしたいと頼んだ小父さんを幼稚園に受け入れる。そして小父さんが管理する鳥小屋の美しさをきちんと理解する。お兄さんや小鳥たちが小父さんに守られていたように、小父さんも彼女たちのような存在に確かに守られているのだ。相手が理解できない存在であっても否定せず、拒絶せず、大きいことをしてくれるわけではなくとも、ただそこにいてくれる人たちが点在することで守られている世界があることに気づかされる。小さな世界の守り合い、入れ子構造で世界の秩序が保たれているのだ。彼女たちのような存在は小さいようで、実はかけがえがない。

けれど彼女たちは、彼女たちの生きる事情で、お兄さんを最後まで守り通した小父さんのようには、小父さんの世界を守り切ることができない。その不在によって小さな世界はいとも簡単に損なわれてしまう。園長先生が代わってしまい、小父さんは鳥小屋の世話ができなくなる。小父さんが掃除しなくなった鳥小屋はたやすく薄汚れ、最終的に鳥小屋ごとなくなってしまう。お兄さんと小父さんの大切な場所が消失する。司書はある日小父さんの世界から消えてしまう。それは小父さんと世界をつなぐ、もやいづなが切り離されてしまうのに等しいことだ。小父さんの世界が縮小をはじめる。小父さんは常に頭痛に悩まされる。そんな小父さんのもとに翼に傷を負ったメジロが現れる。小父さんは、再び、小さな世界を見つける。そして小父さんの献身的な介護のもと、美しい歌声を手に入れたメジロに小父さんは言う。「大事にしまっておきなさい。その美しい歌は」

根拠のない不安や思い込みで「小鳥」が一瞬で「子取り」に変化してしまう、お兄さんのポーポー語が言語学者の「雑音」という一言で片付けられてしまう残酷で大きな世界の中で、それでも静かに「じっと」そこに存在している小さな存在の美しさ、賢さ、小さな存在を守る人たちの尊さ、取り替えの不可能がこの物語には描かれている。お互いの存在が小さな救済であるのだ。

そして小さな存在は大きな世界にまったく影響しないのかといえばそんなことはなく、小鳥がその美しい愛の歌を鳴き続けていれば、それは思わぬタイミングで誰かの心に届くのだということが、誰かに受け継がれていくのだということが、最後のページを読み終わりもう一度最初のページに戻ったとき、鳥かごの扉が開き、メジロが空に放たれる瞬間わかるはずだ。閉じた世界が、開かれた大きな世界にリンクする奇跡の瞬間だ。その奇跡は小さかろうとも、お兄さんがポーポーの包み紙を重ねてつくった美しい小鳥のブローチのように、ちゃんとそこにある。それにお兄さんがつくった小鳥のブローチは一つではない。

図書館司書が、「私が気づかない場所にこっそり鳥は隠れているものなんですね」と言うように、小鳥は私たちが生きている世界の至るところに存在している。この物語は、ことり、と小さな残響を読んだ人の胸に残す。それは自分の中に小鳥の存在を見つけた証しだ。

陶然とするほど甘い味

『甘美なる作戦』イアン・マキューアン／村松潔＝訳（新潮社）

マキューアンの小説の良さは、うっとりできないところだと思っていた。人間の卑怯さ、醜悪さ、万人に降り掛かる老いの容赦のなさなど、彼の作品はいつも苦い味を残す。だから『甘美なる作戦』で「作家」が用意した「トリック」を理解した瞬間、あまりのロマンチックさに呆気にとられた。この作品は一行残らず、「作家」から「小説」へ、何よりその「題材」へと向けたラブレターなのだ。

「結婚してください」で終わる小説が好きな文学少女セリーナは、本当は英文科に行きたかったのに、数学科に進学する。得意な数学の才能を発揮するのは「女としての」義務だと、母が断固として主張したからだ。献身的に父に尽くす母の奥底から突如として現れた「フェミニストの強靭な小さい核」に娘は驚く。恋愛関係にあった年上の男性に教育を施された彼女は、薦められるままにＭＩ５の面接を受ける。「フェミニズムの第二の波」が訪れようとしていた七〇年代初頭のイギリス、「新しい解放精神」に感化されたセリーナの妹は、逮捕、妊娠、中絶を経験し、志していた医者を諦める。一方のセリーナは、華々しいスパイ活動に勤しむ男たちを尻目に、「ミニスカートのオフィスガールのひとり」として、「ピラミッドの底辺」を生きることになる。「ジェイン・オースティンの精神」に則って、薄給でのやりくり、退屈な仕事内容、通勤の時間、スカートのアイロンがけなど、彼女の生活のディテールが細かく綴られていく。「実在するにせよ架空にせよ、ある人物の経済状態を知ることなしに、どうしてその内面生活を理解できるだろう?」と、セリーナであるところの、一人称の語り手は語る。

男全般のずるさ、若い女の愚かさも、重箱の隅を突《つつ》くかのごとく描かれる。男たちは、少女趣味なブラウスをセリーナに贈り、嬉々として彼女を教育し、彼女に拒絶されるとは露ほども考えず自分のタイミングで物事を進め、彼女から数学の説明を聞くとパニックになり「吐きそうな気分」と言い出す始末だ。セリーナ自身も火に油を注ぐ。「酸いも甘いも嚙み分けた年配の男がわたしに夢中になっていた」と得意に思い、「自分の自尊心のためにも、マックスの前で色っぽく振る舞って、わたしを手放したことを後悔させてやらなければならない」などと考える。性的に求められることを、認められていると錯覚してしまうのは、若い女にありがちな過ちである。本人たちに気づかれることなく、国に加担する作品を書かせるため作家たちを支援するプロジェクト「スウィート・トゥース(「甘党」の意)」に抜擢された際も、結果を残して評価されたいと息巻きながら、担当作家のトムとすぐに恋愛関係になる。性的な意味でも、仕事の能力的にも認められなければと必死なセリーナは、褒められたくて仕方ない「忠順な若い女」であり、それこそ相手の思うつぼであることに気づくのは、ずっと後のことだ。

中盤、トムの登場により、この「小説」に隠されている「トリック」に読者は一歩近づく。セリーナは「二重の目」で、彼と彼の書く小説をスパイしながら、恋人関係を続ける。「トリック」のある小説は嫌いだと言うセリーナ（スパイのくせに）に、「トリックなしに人生をページに再現することは不可能だ」とトムは答える。トムもまた、ある段階から、「二重の目」を持って彼女と接することを選ぶのだが、そこから導き出される「プロセスの論理」、そして「トリック」は陶然とするほど甘い味をしている。セリーナはまさに自分好みの「小説」を読むことになるのだ。

「作家」は書く過程で「題材」を理解し、結果として、自分の中にある感情を発見する。しかも、『甘美なる作戦』に関わる「作家」は二人いる。トムと、マキューアン自身だ。「作家」自身の考えと「作家」の「小説」のそれとが違うことは往々にしてあるが、この「小説」で描かれる「プロセスの論理」に則って本作を捉え直したとき、読者を待ち受けるのは、二重のうっとりである。受け身で生きるしか術がなかったセリーナに二人の「作家」が贈る最後の一文は、すべての女性が受け取るにふさわしい。そして「スウィート・トゥース」事件から四十年後にこの「小説」（「題材」から事実を聞いて改訂済み）が出版されていることが、最後の一文に対するセリーナの「答え」を明示しており、二人の登場人物がその後どういう人生を送ったかわかるという、とにかく恐ろしいほど「甘党」な一冊である。

雪子ちゃんの顔のシミ

『細雪』（上・中・下巻）谷崎潤一郎（新潮社）

雪子ちゃんの顔のシミは何なんだろう。『細雪』の三女、三十歳を過ぎて独身の雪子ちゃんの顔に現れる「例のシミ」のことである。三十を過ぎた人間の顔にシミができるのは当たり前のことだと思うのだが、昭和十年代では、どうやらこのシミが大問題らしい。『細雪』は雪子ちゃんの顔のシミをめぐる物語であると言ってしまいたくもなるくらい、上中下巻（新潮文庫版）にわたり、このシミのことばかり何度も取りざたされる。

まず、最初にこのシミが登場するのは、上巻の八十五ページ、雪子と瀬越とのお見合いのすぐ後である。次女の幸子の夫である貞之助はお見合いの仲人である井谷から、瀬越側で雪子の顔のシミが問題になったと聞かされる。「男の人達云うもんは案外細かなとこを見てるもんで、昨日あれから、お嬢さんの左の目の縁にはほんの微かなシミがあるような気イする云い出した人があって、僕もそう思うたとか、いやそうやない、光線の加減でそない見えたんやとか、説がいろいろに分れましてんけど」と大人たちが小さな顔のシミに対して喧々囂々意見を交わし

合う。八十五ページのシミ初登場から九十一ページまでは、このシミは最近現れはじめたこと、それに対して家族がやきもきしていること等雪子のシミのことばかりで、まだシミのこと言ってんのか、とページをめくる度びっくりする。

雪子のシミは、薄くなったり、濃くなったり、消えてしまったりする。生理の前後に最も顕著になるものらしい。一番よくわからないのが、このシミが、結婚したら治るとされていることだ。雪子のシミを心配した四女妙子が差し出す婦人雑誌には、この症状は「適齢期を過ぎた未婚の婦人には屢〻ある生理的現象で、そう心配なさることはない、大概の場合、結婚されれば直きに直るものだけれども、そうでなくても、女性ホルモンの注射を少し続けられても治癒することが多い」と書かれている。では注射をしてもらおうと医者に診察してもらうと、「注射は何回も続けなければ効果がありませんし、結婚なされば直るものですからそれには及ばないでしょう」と阪大の先生までもがそんな非科学的なことをさらっと言ってのける。結婚すると治るシミってどういうことだろうか。ほかにも、黄胆になった幸子に「黄胆て云う病気、腋の下にお握りを挟んで置くといいんですってね」と奥様友だちが言う場面と、蛍狩りから帰る列車の中で、蛍の死骸は捨てずに「火傷や怪我をした時に、飯粒と一緒に練って」つけると薬になると乗客の男から姉妹がアドバイスされる場面にも衝撃を受けた。何それ。旅行に出れば、奈良ホテルで南京虫に噛まれたり（幸子）、汽車の中で石灰殻が右の眼に入って眼帯をするはめになったり（幸子）、『細雪』は徹頭徹尾病気にまつわる描写が多い。そこが好きだ。

下巻になると、雪子の顔のシミが消えないことに業を煮やした幸子は、「阪大の皮膚科の意見に従って、女性ホルモン剤とヴィタミンC剤」を調合した注射を隔日に一度、一家が懇意にしている櫛田医師の所で雪子に打たせることにし、それが雪子の「仕事」になる。なかなか注射の成果が出ないため、「やっぱり結婚する迄は直らんのんと違うか知らん」と陰で妙子は言ったりするのだが、蒔岡姉妹はとにかく注射が好きな姉妹であるので、注射をすると安心するのである。ヴィタミンBの注射などは、「強力ベタキシンの注射薬」を家に常備しておいて、ちょっと体調が優れないと、「B足らん」だと言って、なんでもないようなことでもすぐお互いカジュアルに注射し合う。出かける前にもまず注射だ。国産の陣痛促進剤が効かず妙子がお産で苦しんでいる時も、時節柄ドイツ製の注射を医師が出してくれないとわかるや、幸子は秘蔵の「コラミンと、プロントジールと、ベタキシン等の注射液」を持って病院を訪れ、医者と交渉する。ドイツ製の陣痛促進剤を打つとただちに陣痛がはじまり、「独逸の製品が国産品に比べていかに優秀であるか」、幸子たちは目撃する。しかし、ドイツ製の陣痛促進剤の甲斐なく、妙子の赤ん坊は死産。なんと、医者が逆児になっていた赤ん坊を取り出す際に、手を滑らしたため、赤ん坊が窒息してしまうのだ。医者自ら「大失敗」だと謝るのだが、「幸子は院長が率直に失敗を告白し、しないでも済む陳謝までしてひどく恐縮しているのを見ると、その公明な態度に好感を抱かせられるばかりであった」などと書かれていて、唖然としてしまう。学生の頃、『細雪』をはじめて読んだ時はこのシーンがいろんな意味で恐ろしすぎたため、ほかの場面はすべて消し飛んだほどだ。

「大失敗」の船越病院院長をはじめ、『細雪』に出てくる医者たちは櫛田先生を除き、駄目な人ばかりで本当に恐ろしい。板倉の中耳炎の手術で失敗し患者を放っておいて死なす磯貝院長に、赤痢にかかった妙子に注射を打ってくれない斎藤医院の父子（「櫛田さんならきっとジャンジャン注射してくれるのに」by雪子）、耳が遠くてよく誤診をする木村医院など、まともな人が出てこない。医者が頼りにならないなか、家族に病人が出た時に大活躍を見せるのが、女中のお春どんと、対外的には内気で電話の応答もろくにできない雪子である。幸子の娘の悦子が猩紅熱にかかった際は、母の幸子よりも雪子の方が献身的に看病をし、見合い相手の前ではもじもじし主体性をまったく見せないのに、妙子が赤痢になったと聞くや、「お茶漬けを搔っ込む」と出かけていく。

雪子という人は不思議だ。「純日本趣味のお嬢様」の外見をしているが、仏蘭西語をたしなみ、西洋の音楽にも理解がある。体はご病身ですかと聞かれるほど細く、大きな病はせずとも、普段からそこまで元気な人ではないような気がするのだが、家族に病人が出現した瞬間、急に覚醒したかのごとく、疲れを知らない女になり、甲斐甲斐しく世話を焼く。市川崑の映画版では吉永小百合が演じたりして、とても清楚で控えめな雰囲気を醸していたが、本を読むと、雪子ちゃんは変わり者というか、くせ者だなあという印象を私は受ける。雪子は「理想の女性」だとする言説があるが、それもよくわからない。どちらかといえば、面倒くさい人ではないだろうか。お見合いのことになると、相手を気に入ったかどうか聞いても「ふん」とばかり答えて要領を得ない。内気で、自分の感情をほとんど表に出さず、その癖強情で自分の気に入らないことには一歩も引かない（「雪子ちゃんは黙ってて何でも自分の思うこと徹さな措かん人やわ」by幸子）。辛辣な時はとことん容赦がない。ちょっとだけ頷いたからOKだろう、目が輝いているから喜んでいるらしい、など幸子や貞之助は雪子の小さな動作から彼女の気持ちを判断しており、大変なことだなあと同情したくなる。周りが必死で取りまとめようとした縁談も、「雪子ちゃんの性格から来る悲劇」で破談になったりする。その際も、猫を膝の上に抱いてあやしながら、あまりにもケロリとした態度を見せるので、こっちの苦労も知らずと幸子をいらつかせる。伝統を重んじる姉たちといろいろ怪しいけど現代的なモダンガールである妹の間で、関西から離れたくないのに大人の事情で西と東を行ったり来たりさせられながら、ふてくされたり、花見や歌舞伎や映画に目を輝かせたり、猫や悦子と遊んだりしている、どっちつかずの存在が雪子ちゃんなのである。そもそも、顔のシミも、気にしているのは周りの者たちで、本人は気にしていないのだ。

物語の最後、雪子は御牧と縁談がまとまるが、そこにたどり着くまでも散々雪子の顔のシミは問題になる。妻に先立たれた橋寺と見合いをした際は、同席した娘に「あの人の顔にはシミがある」としっかりチェックされたり、「今は妹の容貌に否みようのない瑕が出来たと云うこと、取るに足らない些細なものであったにしても、兎に角瑕に違いないのだ」と幸子の胸に雪子の顔のシミ問題が重くのしかかったりする。それでも当の雪子は何を言われても「ふん」「ふん」と知らない顔をし、ニヤニヤしている。そんな雪子の顔の上で、シミは出たり、引っ込んだりして、周りの人たちを翻弄するのだ。

ここまで問題になった雪子ちゃんの顔のシミなのだから、結婚したら無事シミも消えましたという一文がぜひとも私は欲しかったのだが、結婚したらシミが消えるというのは当たり前過ぎることなのか、本文中では語られずに、『細雪』は終わってしまう。周りの者達の尽力の甲斐あってようやく決まった御牧との縁談に対しても、雪子ちゃんは「又しても恨めしそうに云い、微塵も嬉しそうな顔などはせず、ましてこれ迄に運んでくれた人の親切を感謝するような言葉などは、間違っても」口にしない。古いものと新しいものの狭間で、どっちも何か違うねんなあと、何に対しても「ふん」「ふん」と生返事し、ニヤニヤしながら猫と遊んでいる雪子ちゃんのままでいて欲しかったなとちょっと思ったりするが、この物語の中ではそうはいかない。新しい時代の女である妙子の産んだ子どもは死んでしまうし、雪子は由緒正しき貴族出の男と結婚する。届いた美しい衣装を見て「これが婚礼の衣裳でなかったら」と思うほど憂鬱な気分のまま（しかも下痢）、まるでドナドナの歌のように、雪子ちゃんは汽車で結婚相手の元に運ばれていってしまうのだ。

日常生活のネットワーク

『春の庭』柴崎友香（文藝春秋）

何よりもまず、物語の一番のハイライトが、他人の家の風呂場を見ること、というのはすごいことである。どれだけ地味なクライマックスなのか。普通だったら絶対に成立しないはずの、とんでもない事態だ。しかし、『春の庭』では、他人の家の風呂場を見ることが劇的な盛り上がりとして、しっかりと機能している。なぜならそのページまで読んできた読者には、その出来事がある登場人物にとってとても特別なことだと感知することのできる、新しい目が授けられているからだ。

太郎は、同じアパートの住人である西にとって、近所の水色の家がとても重要であることを知る。水色の家は「春の庭」という写真集に登場する家であり、写真集のファンである西は、この家の中を見てみたいと強く望んでいる。水色の家に対する西の情熱を聞いた後、それまではまったく気に留めていなかったこの家の存在は、太郎の中でも大きくなる。西の話を聞くことで、太郎の中にも西の視点が搭載されたのだ。

新しいことを教えてくれるのは、いつだって他人だ。普通に生活をしているだけでも、いろいろな情報が外からやってくる。日常生活は、他人との情報交換でできていると言ってもいい。「あの窓が開くとは知らなかった」「……、これ、ごはん食べてる写真がないな」というような発見も、立派な情報である。『春の庭』は内にあるもの、外にあるもの、内から出ていくもの、外からやってくるものが張り巡らされ、細やかなネットワークを形成している作品だ。特別な行動をせず、会社に通っているだけの太郎でも、西のほか、同僚やアパートの住人たちが語る人生や記憶の断片を、情報として自分の中に蓄積していく。登場人物たちはそれぞれが日常生活を送るなかで出会い、触れ合った相手と情報を交換し、もちろん相手のすべてを知ることはないにしても、少しずつ、お互いを学んでいくのだ。

その交換には、物々交換も含まれる。「お返し」という文化は日本特有のものであるらしいが、隣人や同僚といった、そこまで親しくない人間関係にある『春の庭』の登場人物たちは皆、律儀に「お返し」をする。鍵を拾ってもらったお礼に、太郎が同僚からもらったままかりを隣人の「巳《み》」さんに渡せば、「巳」さんは「ままかりのお礼です」と言ってドリップコーヒーの詰め合わせを太郎にくれ、太郎がその詰め合わせを職場に持っていくと、社長は「コーヒーのお礼に」とごぼうパンをくれる。ここでもネットワークができている。太郎が西からもらったものの持て余していた鳩時計は、元同僚の妻には探し求めていた一品だったりする。太郎が苦手な甘いものを同僚たちは大喜びで受け取り、「今食べに行くべき東京のパンケーキ十選」という情報を、太郎に地図つきで教えてくれたりする。物語の最後の、西と太郎が水色の家からソファや冷蔵庫など、巨大な家具をもらいまくるくだりは圧巻だ。

この、大きく言うと二つの交換は、人間関係を円滑にするための日常会話やエチケットとしての側面が強く（巨大な家具の件は別だが）、そこまで意識することなく行なわれていることだ。通信講座を取ったり英会話教室に通ったりしているわけでもないし、別段何も学んでいないと思うかもしれない。しかし、この無意識の学習が、力を発揮する瞬間があるのだ。

それが、水色の家でのハイライトである。太郎は、西の願いが叶うまであと一歩という瞬間を見過ごさず、文字通り「傷ついた」彼女を助ける。それまでの、無意識の学習の蓄積が、「あのー、一つ、お願いがあるんですが言ってもいいでしょうか」と物語のはじめに西に言われた際に、真っ先に「面倒が来た」と思った太郎に、「人のためになにかをしたいという気持ちになったのは、何年振りだろう。この人の手助けをしなければ、と責務のように感じる」自分を発見させるのである。成長、なんてつまらないことは言いたくない。それは、父の死や離婚を経験し、時間をかけて「傷ついた」太郎が、時間をかけて心を解いていった、時間の奇跡だ。

また、甘いものが苦手だった太郎は、水色の家に住む実和子から出されたパンケーキを、「甘いもの好きの同僚たちになったつもりで」食べる。ここでの太郎は、意識的に、学習した力を使っている。「同僚たちが実和子の菓子に寄せていた賛辞を心の中で繰り返していると、すべてたいらげることができた」らしい。太郎の中で、人生の味わい方のバリエーションが一つ増えた瞬間である。

人と関わることは人の視点を知ることであり、人の視点が自分の視点になることである。同じ場所にいて同じ物を見ても、本当に同じ物を見ているとは限らないし、まったく違うことを感じていることだってある。同じ知識を共有しているわけでもない。それでも、幼少期を共に過ごした「わたし」と太郎が、大人になってから記憶を補完し合うように、人と人は緩やかにつながっている。現代社会では、人々はすぐにFacebookやLINEといったSNSでつながろうとするが、『春の庭』の登場人物たちは、この便利なネットワークを利用して人とつながろうとはしていないように見える。西などは、アパートを引っ越してからようやく、自分のマンガを公開しているサイトのアドレスを太郎に教えているくらいだ。確かに、生活しているだけでネットワークは自然に形成されているし、それだけでとんでもない情報量がある。様々なデザインの家が一塊となって街を成し、出身地の違う、性格も違う人たちが、その中でそれぞれ生活を営んでいる。ある者は残り、ある者は去る。新しい土地の言葉を覚える。街の下には暗渠の川が流れ、持ち主が変わるたびに家も変化する。上書きを繰り返しながら生きていくしかない人間の持つ、緩やかな順応の力と、生活に秘められた可能性がいかに非凡であるかという視点を、『春の庭』は与えてくれる。

世界のなかの自分、自分のなかの世界

『祝福』長嶋有（河出書房新社）

長嶋有の小説に出てくる人たちは、変な時間によくホットケーキを焼いて食べている。『猛スピードで母は』の母は、仕事の憂さを晴らすかのごとく夜遅くホットケーキを焼き、息子と三枚ずつ食べる。「センスなし」（『泣かない女はいない』収録）の女は夫に離婚の意思を告げられ、眠れないまま迎えた明け方、ふとホットケーキが食べたいと思う（が、部屋には材料がない）。『パラレル』の主人公七郎が友人の家に遊びに行った時、七郎の来訪を知らされておらず困った友人の母親が、夜中出してくれるのもホットケーキだ。

十篇の作品が収められた短篇集『祝福』の中では、「ジャージの一人」にホットケーキが登場する。夜、浅間山噴火後のあたりの様子を見に一人外に飛び出した主人公は山荘に帰ってきた後、軽く高ぶった気持ちを緩和するためか、突如出現した非日常的な出来事に居ても立ってもいられなくなったのか、「なんだか」ホットケーキを焼いてしまう。

また、長嶋有の小説に出てくる人たちは、よく言い切る。たとえば、「丹下」の私が「あしたのジョー」の主題歌について語る時、「文化系の男は、これが寺山修司の作詞だってこと、必ずいう」という一言が添えられる。表題作である「祝福」の主人公Aは、女は、絆創膏を貼りながらも靴擦れのする綺麗な靴を履き続けるし、これから出会うあらゆる女たちもそうだろうと言う。それ以外の男も女もこの世に一人もいないみたいに、言う。なぜなら主人公たちにとって、目の前にいる誰かは、世界そのものだからだ。

「ジャージの三人」（『ジャージの二人』収録）にこんな一節がある。

「～妻の心変わりは世界の心変わりだ、そうはいえないか。僕は目を閉じた。僕はレコードの針のようなもので、小さな点としてしか世界に触れることができない。だが触れている点にたまたまいた小さな妻と世界とは、実は地続きなのだ」

世界との距離が近い。これは疲れるに違いない。しかし誰にだって覚えのある感覚ではないだろうか。誰かを信じることは世界を信じることであり、誰かを愛することは世界を愛することだ。「ファットスプレッド」の夫婦の日常のように、それはなんて単純ですばらしいことか。だけど反対に、誰かを愛せなくなったら世界を愛せなくなってしまったということだし、誰かに愛されなくなったら、それは自分が世界に愛されていないという烙印を捺されることになる。恐ろしい。さらに恐ろしいのは、私たちもよく知っているように、その危機は、いとも簡単に主人公たちを襲う。

けれど彼らはそんなに簡単にはやられない。今までの人生の経験で、その時くらってしまう打撃を最小限に抑える、自分にとってエアバッグの役割を果たすものを、彼らは熟知しているのだ。それが、日常を（世界を）観察することであり、好きなマンガや音楽の存在であり、おなじみのCMのフレーズだったりホットケーキを焼くことだったりする。「なんだか」ホットケーキを焼くと言いながら、彼らはそれが自分にどういう効果をもたらすか、ちゃんと知っている。「ファットスプレッド」の妻は、「好きなバンドのライブで世界の輪郭をつかんだように」感じ、「自分もまた世界であることを確認」するためにライブに足を運ぶ。そして人にとってはそれがスポーツ観戦だったりするのだろうと考える。人は、世界を愛し続けるための保険を、人生をかけて、クモの巣のように張り巡らせる。それぞれ違う糸で、違うかたちの巣だ。長嶋有の小説に出てくる彼らは、ほかの人たちよりも少しだけ、そのことに敏感で、自覚的なのではないか。いきなり人と距離が近付くことが怖くても、またその術がなくても、間にあるものを触媒にして、人と、世界とつながることができることを知っている。「マラソンをさぼる」のように、浅香唯の歌とパソコンゲームが間にあれば、ヤンキーとだって友達になれる（そして浅香唯の歌とパソコンゲームもまた世界だ）。

それでも駄目な時はどうするか。世界に負けそうな時はどうするか。まるでその答えのように、『祝福』には、「噛みながら」が収録されている。

「噛みながら」の主人公である頼子は、『ぼくは落ち着きがない』の中で、語り手である女子生徒に「世界がもたらす事態にすぐさま、ちゃんと対しているという感じがする」（彼らは高校生だ）と評される、愛すべきキャラクターなのだが、誰よりも真摯に「世界にノック」し続けた結果、世界に敗れ、不登校になってしまう。

その頼子が、高校を中退して七年後、再び世界に対して強くノックする姿が描かれているのが「噛みながら」だ。もともとは、『ぼくは落ち着きがない』のブックカバーの裏に書かれた登場人物たちのその後のストーリーの一つだったのだが、けれど作者は頼子だけ特別扱いした。彼女のその後だけ、通常のカバーではなく（通常のカバーにははじめの数行だけが載っていた）、ノベルティとして応募者だけに配られたもう一つのブックカバーの裏に、単体で配置した。頼子は、通常のカバーではまだ早い、と作者は思ったのではないか。疲れた人間が再び世界と対峙するのには時間が必要で、けれどその時は必ずやって来るのだ、という時間の奇跡を、内容だけでなく、収録する過程と場所（本来の物語の外）によって提示されたことに驚いた。今回さらに『祝福』へ収録されることで、頼子のその後が名前を与えられ、一つの物語になった。

そして短篇集のしんがりに控える「祝福」には、Aの「なんだかすまん世界。いや、うるせえよ、世界。好きに決まってるだろう。本当に？　俺も拍手したよ、本当に、したんだ」という弱々しい逆ギレのような自己肯定の言葉がある。

誰かにお前はノックしていないと言われても、自分がノックだと思えばそれはノックだ。それにたった一人の人間が世界に成りうるのなら、新しく人と出会うたび、目の前で目新しい出来事が起こるたびに、世界は更新されるということだ。だから「女は靴擦れのする綺麗な靴を履く」はある日突然、「女は靴擦れのしない綺麗な靴を履く」になることだってありうる。長嶋有の小説を読んでいる私たちは、そのことをもう知っている。

同じ部屋にいた希望

『キャッチ＝22』（上・下巻）ジョーゼフ・ヘラー／飛田茂雄＝訳（早川書房）

『キャッチ＝22』をよく読み返す。第二次世界大戦末期、ピアノーサ島に基地がある空軍部隊に配属されたアメリカ兵たちの物語だ。兵士の責任出撃回数は、キャスカート大佐の横暴なさじ加減により、四十回、五十回、七十回とどんどん増えていく。しかも「キャッチ＝22」という軍規のせいで、いつまでたっても故郷に帰ることができない。仲間はどんどん死んでゆく。

ヨッサリアンがおれは死にたくない死にたくないと上下巻の間中とにかくわめき続けることに感動するし、敏腕食堂係のマイローの無茶苦茶ぶりにも圧倒されるし、メイジャー・メイジャー・メイジャー・メイジャー少佐の昇進をキャスカート大佐が申請したときに、ウィンターグリーン元一等兵が、「署名なしの、ぶっきらぼうなぐり書きで、米軍は唯一のメイジャー・メイジャー・メイジャーという少佐《メイジャー》を保有しているのであり、単にキャスカート大佐を喜ばすための昇進によって彼を失うつもりはないと警告」するところなど、毎回笑ってしまう。

時間があまりない時は、オアの出てくるところを重点的に読み直す。私の本には、オアの出てくるパート専用の付箋が貼ってある。オアのことが一番好きなのだ。

オアは、ヨッサリアンと同じテントで寝泊まりしている。ちびで容貌が悪く、いつもへらへら笑っていて、皆に間抜けと思われている。手先が器用で、テントの中では飽きることなく細かい作業をずっとちまちま続けている。子どもだった頃「りんごのほっぺたが欲しかった」オアは、「そんなほっぺたができるまで一生懸命努力しようと思ってな。実際、それができるまで一生懸命努力した。そのために、一日じゅうほっぺたに野生のりんごを入れてたわけだよ」と言い、ヨッサリアンは意味不明だと思う。

オアの乗った爆撃機は、「出撃するたびに海中に墜落させられたり、エンジンを撃ち抜かれたり」、とにかく不時着しまくる。それでも「だいじょうぶ、だいじょうぶ」とオアはクスクス笑いながら、救命ボートの上で仲間たちに板チョコを振る舞い、スープや紅茶をつくり、魚釣りをはじめ、見つけたちっぽけな青いオールでボートを漕ぐ。「膝の上に地図をひろげて、それに磁石を当て」がって。

「あんたはほんとうにおれといっしょに飛ばなきゃだめだよ。おれはかなり優秀な副操縦士だし、あんたのことは面倒見るよ」とオアに言われたヨッサリアンは、こいつと同乗すると死ぬ確率が高まると思い、断る。そして本当に、オアはボローニャ攻撃の際に、海上で行方不明になってしまう。

オアがいなくなったことでヨッサリアンはさらに絶望を深めるが、実はオアはボートでスウェーデンに亡命していた。彼は逃げるために、これまで不時着の練習をしていたのだ。一緒に逃げようとオアが言ってくれていたことにヨッサリアンは気づく。

「だれだっておれのいのちをこんな恐ろしい危険にさらす権利はないはずだ」とヨッサリアンが神経衰弱ぎりぎりで騒ぎ回ろうと、お遊びの低空飛行でキッド・サンプスンを惨死させてしまったマクワットがそのまま山に突っ込み自死しようと、負債を抱えたマイローが自分の隊と機を爆撃しようと、従軍牧師が「自分には、ほかのだれのためにも、自分自身のためにはなおさらのこと、なにひとつしてやる力がないのだ」と無力さに打ち拉がれようと、死にゆくスノードンから「人間は台所屑」であり「精神の充実のみがすべて」だとヨッサリアンが学ぼうと、不条理でおかしなことばかり起ころうと、「キャッチ＝22」があろうと、オアには関係ない。その間、オアはひとりで逃亡の準備を進め、おもちゃの青いオールで広大な海を気長に漕ぎ続け、スウェーデンに向かっている。彼はいつも、野生のりんごをほっぺたに入れていたのだ。

オアはヨッサリアンにとって、希望だ。ヨッサリアンは同室のオアの動向を常に気にかけ、その存在に怯え、嘲り、オアが消息を絶ってからも、彼のことを想い、考える。オアがスウェーデンにたどり着いたことを知ったヨッサリアンは、自分もまた逃亡することを決める。『キャッチ＝22』は、自らのおかれた状況と関係なく、ヨッサリアンが希望を信じられるようになるまでの物語だ。

希望というのは曖昧なもので、現実味も何もなく差し出されても心に届かない。私がオアというかたちをして差し出された希望を信用しているのは、この希望だったら私でもできると思えるからだ。現実でも、「キャッチ＝22」という条項は、いくらでも日常に転がっていて、私たちは包囲されながら生きている。過去に鑑みても、「キャッチ＝22」がいきなり全部きれいに無くなったりしないと思う。だから、これから先もずっと、この小説が読まれ続け、たくさんの人がヨッサリアンのように、オアに出会えたらいい。

過去のWと未来のW

『自分だけの部屋』ヴァージニア・ウルフ／川本静子＝訳（みすず書房）

わたしはWである。Wであることは嫌いではないけど、わたしのことをWだといちいち意識させる人たちのことは、どんな意味でも全員嫌いだ。その人たちは軽い気持ちからの言動だろうけど、すぐに忘れてしまうのだろうけど、わたしは忘れられないし、忘れない。わたしの心と体にそのときの違和感と気持ち悪さが残るから。どうしてあの人たちは、おまえはWだ、Wだと毎日うるさいのか。教えられなくても、生まれたときから知っている。なんて面倒くさいんだろう。

わたしと同じくWであるヴァージニア・ウルフは、一九二九年に出版された『自分だけの部屋』のなかで当時のWの置かれた現状を憂いながら、「百年もたてば、きっとすっかり変わってしまうでしょう」と言っている。でも、経済的に自立し、「自分だけの部屋」を持っていても、精神的に自由になれるわけではないことがはっきりしてしまった百年後まであと十余年の今の世の中を知ったら、彼女はどう思っただろう、とときどき考える。今だったら、ウルフは

神経衰弱に陥らずに、自ら命を絶たずに生きていけただろうかと想像しても、多分それは無理だと思う。たくさんのことが変わったけど、たくさんのことが変わらない。それがもうすぐ百年後の世界だ。

だから、『自分だけの部屋』は現在のわたしたちが読んでも、少しも、ぜんぜん古くない。何度読んでも、いつ読んでも、今わたしに必要だったのはこの本だったと心が驚く。Wが直面している数々の問題が今とほとんど同じなので、嘘みたいに「共感」する。そして「共感」した自分が存在する現代を恐ろしく感じる。ウルフは人と本は連続体だと書いているけど、自分のエッセイを読んだ百年後の人間が「共感」してしまうとは、思いもしなかったはずだろう。

でもまあ、現実に「共感」してしまう世界に生きているわたしに、この本はいつも力をくれる。おまえはWだと叫ぶ声に貸す耳など持たなくてもいいと、「跳び越えることだけ考えなさい」と、まっすぐな声が聞えてくる。「ものを書く者にとって、自分の性を意識するのは致命的だ」と書かれている箇所を読むと、いつも耳が痛くなる。でも今の世の中なら、逆にわざと意識して書くのも面白いんじゃないかとわたしは思ったりする。

特に読み返すのは、前述の、人と本は連続体だと書かれているいくつかの箇所だ。「本というのは、お互いに連続している」もので、人はつながっている。とくにWの場合、かつて自由になる時間も財産もないなかで、ときに化け物だとさげすまれながらも書いたWがいるから、今のWがあたりまえのように書くことができるのだとウルフは言う。そして人は連続体なのだから、書くことを許されなかったWも、今のWのなかで生きているのだと。

「傑作はそれだけが単独で生まれてくるのではないのですから。傑作とは、長い間大勢の人々がともに考えたことの成果なのです。したがって、一つの声の背後には、大勢の人々の経験があるのです」

ウルフの主張によると、これはすべての歴史に言えることだけど、この世には、一人で書いた本は一冊もないことになる。

どうして「人は連続体」の箇所をよく読み返すかと言うと、ほっとするからだ。人には限界がある。でも連続体なら補い合って、少しずつ先に進める。過去のWと未来のWは「共有の生命」であり、わたしたちはみんな、オーランドーなのだ。これはとても安心で、勇気が湧くことだ。それに、オーランドーがどれだけカッコいいかを考えたら、自分はオーランドーなのだと思えることは、ただただ素晴らしいことだ。

そして若いWに向けて書かれたこの本のなかで、精神論や文学論に終始するのではなく、「知的自由は物質的なものにかかっている」と、自分のお金を持つことがどれだけ大切なことか、何度も金、金、金、金さえあれば無敵と口をすっぱくして言い続けたウルフのことを、わたしはとても信頼している。

お聖ジャンヌ・ダルクとあこがれを持続する力

『欲しがりません勝つまでは』田辺聖子（ポプラ社）

私は十三歳、女学校二年生である。
天皇陛下《へいか》と祖国《そこく》・日本のために、命をすてるのだと、かたく決心している。そうして、ジャンヌ・ダルクにあこがれている。

田辺聖子の戦争体験を綴った自伝的作品『欲しがりません勝つまでは』は、こんな一読ノックアウトな書き出しではじまる。私の持っている新潮文庫版の表紙には、日の丸のハチマキをおでこに巻き、防空頭巾をかぶったおかっぱ頭の女の子の横顔。その表情は不安げで、勝手にアフレコするなら、「かなわんわぁ」というところ。私はこれをお聖ジャンヌ・ダルクの肖像と名付けたい。

戦時下に生まれ育ったお聖ジャンヌ・ダルクは、「ジャンヌ・ダルクのように、軍の先頭にたって、旗《はた》をひるがえし、さっそうと進むのだ！」と生粋の軍国少女でありながら、その実移り気で、さまざまなものにあこがれている。修道院や上級生の吉田さんにあこがれながら、ヒットラーにあこがれ、戦争にさえあこがれる。一冊まるまるあこがれについての本だと言ってもいいくらいだ。けれど多感で無知な少女の戯れだと呆れることはできない。読み進めるうちに浮かび上がるのは、あこがれ続けることで希望と生きる力を失わず、戦争を生き抜いた一人の頑固な少女の姿である(「生き抜く」なんて言葉が野暮に思えるほど生きのいい青春小説でもある)。

生粋の文学少女でもあるお聖ジャンヌは、林芙美子や吉屋信子、吉川英治の『三国志』を読んでは影響を受け、自作の小説を次々と「無地の小さなノート」にしたためる(そのうちの一つ「伸びゆく者」はジャンヌ・ダルクにあこがれる少女が主人公)。彼女のあこがれは周りのクラスメートにも伝染し、当時人気があった『少女の友』に倣い、各々の作品を持ちよった『少女草《おとめぐさ》』を刊行。まるで『赤毛のアン』の物語クラブのようなことを、日本で戦時下の少女たちがやっていた。

戦争が激化し動員令が下った後も、お聖ジャンヌは小説を書く。ノートの質も「ペンがひっかかってしまうような粗雑な紙」になり、ノートが手に入らなくなると、青写真を扱っている親類からもらった設計図の裏紙に書く。そんななか、これだけはと取りのけておいた二冊の「美しい真っ白い紙のノート」が空襲で焼けてしまう。それでも彼女の心は死ななかった。「あの酷烈な戦争を生きのびるのに、私は、詩や小説や絵や、美しいコトバなどが手もとになければ、ひからびてゆく気がしていた」とあとがきにある。あこがれる力、そしてそれを持続する力は、自分を守る力のことだった。今だって必要な力だ。

終戦後、お聖ジャンヌのあこがれる力はしっかりと実を結ぶ。小説家になる夢を叶え、そのあこがれる力は彼女の小説の登場人物にもしっかりと継承された。

『女の食卓』の主人公奈々子は、独身者の権利のために戦う全日本独身者連盟の一員で、「まァ、いうたらあたしたちは、ジャンヌ・ダルクみたいなもんやねんわ。まちごうた男性依存の生活で後退させられている女性の地位を、哀れな同性に代わって引き上げな、あかんねんわ」とひとりごちる。女性の人生をあやつろうとするさまざまな圧力とお聖ジャンヌは戦った。鉛筆一本で（しかも4Bか5Bの）。おいしいものを食べることや、不相応でない範囲の散財がいかに日々を彩るか、何度も言葉を尽くした。

あこがれとともに年を重ねたお聖ジャンヌは一人の男性と出会い、九州男児で男尊女卑なんて考えたこともなかったその男性と数々のやり合いの末「ワシはジャンヌ・ダル男や」（『お聖千夏の往復書簡』）と言わせしめることに成功。世界で一番の理解者にしてしまう。ある頃、田辺家の食卓には、ちゃぶ台の真上にミラーボールがあったらしい。それを見た鴨居羊子はこう思う。「この二人は私みたいな客がいなくても、毎晩お祭のように、キラキラ回るミラーボールの下で大切なセレモニーのようにちゃぶ台を囲むのだろう」（『籠にりんごテーブルにお茶…』）

お聖ジャンヌ・ダルクは長い夢を見る力において筋金入りで誰にも負けない。彼女の本を読むと、あんた、何かあこがれるものがあったら、どんな時でもなんとかなるわ、と私は言われている気がする。彼女のあこがれは伝染し、これからもたくさんの人によって持続されていくはずだ。かつて女学校のクラスメートたちがそうだったように。

本当の少女漫画脳の使い方

『ドラママチ』角田光代（文藝春秋）

角田光代の小説と、私はうまく距離をとることができない。私が普段知りたくないと思っていること、薄々気付いていているくせに知らないふりを決め込んでいることが、そこにははっきりと書かれている。押さえ込んでいたパンドラの箱が開いてしまう。そして圧倒され、揺り動かされ、心をえぐられ、大笑いし、大泣きし、読み終わる頃には肩でぜえぜえ息をしている。だからクールな感じで距離をとりながら、安全な場所で読みたいと思うのだが、私はいつも失敗する。いつの間にか赤黒い溶岩がどろどろとうねる火山口を覗き込んでいる自分がいる。読む前に心構えしていたよりも、ずっと危ない場所に近付いてしまう。近付き過ぎてしまう。だから角田光代の小説のページを開くとき、私は毎回少しビビる。

短篇集『ドラママチ』をはじめて読んだとき、私はいつにも増して距離を間違え、取り乱した。収録された八つの作品のタイトルには、すべて「マチ」が付いている。「マチ」は「待ち」であり「街」だ。中央線沿いの小さな街で、それぞれ何かを待っている女たちが描かれる。自

分が再び気力を取り戻しやる気になる時を待つ「ヤルキマチ」や、今の自分は本当の自分じゃないと思い続け、自分が自分の理想に追いつく日を待つ「ワタシマチ」。どの話もわかり過ぎて胸が痛い。ついでに私の頭の中のアルバムが、頼んでないのに各エピソードにぴったりな私の思い出をいちいち引っ張り出してくるので、恥ずかしくてもういっそ壁にがんがん頭をぶつけて記憶喪失になるか、シャベルで深い穴を掘ってその中に埋まりたくなった。極めつけは「ゴールマチ」だ。

四十歳のチエとキクヨは、小学生の頃、漫画同盟を結んでいた。チエは『りぼん』、キクヨは『なかよし』を購買し、交換し合った。チエは陸奥A子が好きで、キクヨは一条ゆかりが好きだった。それから三十年。二人ともなんでかずっと恋愛戦線異状ありだ。チエは、昔の恋人の家でほかの女の写真を見つけたとき怒って部屋を飛び出すが、恋人が追いかけてこないことが不思議で仕方ない。少女漫画なら恋人は必ず追いかけてきてくれるのに。ものすごい量の少女漫画を読んだことが、自分達に悪影響を及ぼしているのではないかとキクヨは分析する。

「恋をしたらハッピーエンドが待ってるわけよ、花びらが舞うわけよ、ハッピーエンドはずっとそのままエンドなわけよ。恋の相手は浮気もしないし水商売もすすめないし親戚五十人もいないわけよ。花びらの飛ぶ永遠なるエンドのほうが現実味があんのよ、私たちには」

のけぞってイスから落ちそうになった。身に覚えがあり過ぎた。またアルバムがばさっと開く。

私は『りぼん』派だった。毎月好きな漫画のカラーページや好きなコマを切り抜いて、でっかいせんべいの缶に保管した。それだけでは飽き足らず、トレーシングペーパーで絵を上からなぞった。そうすると漫画の中の世界が、少しだけ自分に近付いたような気がした。同じく切り抜きを集めていた親友が引っ越した後ある時送ってきたハガキに、「切り抜きを捨てたよぜんぶ」と小さく書き添えられていたときは、裏切られた気持ちになった。中学生になっても、相変わらず忠誠心は『りぼん』に捧げていた。休み時間、『なかよし』派の友人を前に『なかよし』を批判し、本気でキレられた。この頃『LaLa』と『花とゆめ』の存在を知り、ファンタジーやSF、何でもありの少女漫画の奥深さにどっぷりと浸かった。そのうち『LaLa』や『花とゆめ』でファンタジー漬けになっている自分が不安になり、等身大（変な言葉だ）の恋愛を知ろうと思い、『別冊マーガレット』に手を出した。火に油を注いだようなものだった。そしてどの瞬間も本を読んだ。音楽を聴いた。映画を見た。自分を見ないために、今の自分の現実を見ないために、私はあこがれを集め続けた。あこがれまみれの私は、いつまで待ってもフィクションの世界みたいにならない現実にイライラし、現実に呆れたまま年を重ねた。自分の夢は小さな頃から小説家か翻訳家で、そうでない自分と自分の現実に興味が持てず、目を背け、やる気がないまま三十歳になろうとしていた。

そこへきてのキクヨの台詞である。やっぱそうかーと笑ってしまった。だけど「私たちを幸せにするのは結婚でも恋愛でもない。ゴールはそんなところにはない」と気付き、王子さまは迎えに来ないといい加減受け入れたチエとキクヨにやけっぱちの楽しさを感じるように、これからはもっと楽になるような気がする。そしてそのことに気が付いてからが、培われた少女漫画脳の発揮しどきなのではないか。表題作「ドラママチ」の、海外旅行を一度もしたことがないまま年をとった老婆の、住んでいる街の喫茶店に外国を感じ、それだけで旅行した気分を味わうことができるという言葉に、王子さまだと思っていた恋人が蛙になったと嘆いていた里香子が、「わかります、その感じ」と急に世界が開けたように口にする瞬間、それは自分の能力の本当の使い方に気付いたときにほかならない。

長谷川姉妹リスペクト

私は姉妹にあこがれがあり、姉妹を見るとうらやましくなる。姉妹には物語がある。これまで私のベスト姉妹は、衿子と今日子の岸田姉妹だったが、去年から、もう一組、新たなベスト姉妹が私の中にできた。

住んでいる町から電車で二駅のところに長谷川町子美術館があり、サザエさんの展示をしているのかなとなんとなく思っていた。去年の六月、思い立って行くことになった。町に点在するサザエさんのキャラクターの銅像や看板を見ながら長谷川町子美術館にたどり着き、館内に入ってみると、サザエさんとはまったく関係ない絵ばかり並んでいる。ぼんやりした気持ちになり、どういうことだろうと思いながら、入り口に飾られていた長谷川町子の「私と美術館」という一枚のエッセイマンガを何気なく読んだ瞬間、すべての謎が解けた。

長谷川姉妹は十代のころ父親を亡くし、それ以来、姉の毬子は挿絵、妹の町子は漫画で長谷川家の家計を支えた。二人とも絵が好きで、帝展や二科展に出かけては、絵を見ながら、ああ

だこうだ感想を言い合った。姉がつくった「姉妹社」から『サザエさん』を出版してから生活に余裕ができ、少しずつ集めだした絵や美術品を、皆にも見てもらうためつくったのが長谷川町子美術館だったのだ。エッセイマンガには、「豆のようなささやかな建物です」と美術館の前に立っている町子の絵が描いてある。なんというか、本当に、じーんとした。

それから展示を見て回った。いろんな画家の絵の中に、一度展覧会で見てファンになったものの、その後どこでまた出会えるだろうと愛を持て余していた岡鹿之助の絵があった。まだ見たことのない絵だった。長谷川姉妹と好きな絵が一緒でうれしいと思った。そう、長谷川町子美術館が素晴らしいのは、そこにある絵がすべて、姉妹の愛情を受けたものだということだ。絵の前に立つと、頭の中に、姉妹のおしゃべりが聴こえてくる。「あら、華やか」「うんうん、素敵だわ」「これ、面白いわね」「いいわね、好きだわ」。長谷川姉妹の目になって、気持ちになって見て回っているうちに、姉妹の息づかいが自分の中にゆっくり染み込んでいく。この感じは、ほかの美術館では体験できない。絵が好きで、画家の名前ではなく、ただ絵だけを見て、自分たちが稼いだお金で一枚一枚集めていった長谷川姉妹のことを考えると涙が出た。

以来、私は長谷川姉妹リスペクトである。岡鹿之助の時同様気持ちを持て余し、どうしたらこの愛とリスペクトを表現、発散できるかと考えた結果、まず、長谷川町子美術館で行われる展示は、すべてコンプリートすることに決めた。これは今のところ順調に展示に足を運んでいる。あと復刊された『よりぬきサザエさん』全巻をはじめ、町子グッズを目の色を変えて購入。

まだまだ気持ちを持て余し気味であるが、これ以上私はどうすればいいかわからない。どうすれば長谷川町子美術館でバイトする権利が与えられるのか。

などと悶々考えていたら、一緒に行ったOさんは、くだんのエッセイマンガ「私と美術館」が裏に印刷された入館のしおりを両面コピーし、興味のありそうな人に配って勝手に宣伝、そろそろコピーのストックがなくなってきたのでまた補充しなければいけませんと謎の使命感で言い、この前も、額装してもらいましたとメールが来たので何かと思ったら、そのしおりを豪華な金色の額にいれて部屋に飾りだしていた。少しも持て余さない姿勢に負けたと思った。

リンスされた世界

はじめて買った大島弓子のマンガは、あすかコミックスの『大きな耳と長いしっぽ』だ。中学生の時だった。収録されているのは、「大きな耳と長いしっぽ」「サバの天国と地獄」のエッセイマンガ二作に、物語マンガの「ジィジィ」だ。「ジィジィ」は世界の終わりの物語だ。窮屈な学校生活の中で、世界の終わりは妙に甘美なものに思えたし、二十四時間サイクルで世界が動いているなか、サバという猫とふたり、二十五時間サイクルで生活している作者の生活を描いたエッセイマンガを読んでは、引き寄せられるようにまた何度もページをめくった。

そこから立て続けに、同じくあすかコミックスで出ていた『毎日が夏休み』『つるばらつるばら』『ダイエット』『秋日子かく語りき』『すばらしき昼食』と読み進み、『綿の国星』に入っていったと記憶している。自分でも気づかないうちに、私は大島弓子に夢中になっていた。

中学の国語の時間、何でもいいから詩を一編選んで感想文を書きなさいという課題が出た。ほかの子たちは宮沢賢治の「雨ニモマケズ」や高村光太郎の「レモン哀歌」などで感想文を書

いていたような気がするのだが、私は『綿の国星』の第一話に出てくる、「思いは　うつりかわり　うつりかわり　かげろうのよう　ひとつの事を　考えつめようとしても　もう次の考えに　うつってしまいます　外のけしきが一日一日と　うつりかわってゆくからです　おばけのような桜が　おわったとおもうと　遅咲きの八重桜　すみれや　れんぎょう　花厨王　黄色い山ぶき　雪柳　なんとすごい　なんとすごい　季節でしょう」の感想文を書いて提出した。

大島弓子は「なんとすごい　なんとすごい」を繰り返し私に見せてくれた。皆同じ制服を着て、少しでも言動が変だとすぐ浮いてしまう学校に放り込まれて、普通に生きていかないといけないと学びはじめた私に、普通なんてないのだと教えてくれた。日常生活は普通なんてものではなくて、「なんとすごい」世界なのだと。

『綿の国星』で、須和野家で暮らすことになったチビ猫は、人間世界のいろいろなことに驚く。彼女は「もうたからもの」と空き缶を抱きしめ、リンスしてもらった後、「いいにおい　花のにおい　花の中で眠るみたい」とうっとりと眠りにつく。はじめて外に出たマンション猫のキャラウェイは、木々や地面など、そこら中を「なでなで」して回る。猫の視点と人間の視点が交差し続けるこの作品を読むと、この世はなんて素敵なものと気持ちでいっぱいなんだろうと、胸の中がいっぱいになる。主人を亡くした時、猫のグリンは、「うそにきまっている　人間が死ぬなんて　人間が死ぬわけはないもの　人間は魔法がつかえるはずだもの」と思う。チビ猫たちの目から見た人間は、自分が思っていたよりもずっと素敵で、中学生の私はうれしかった。

人間に魔法が使えるなんて思ったことはなかった。

　大島弓子のマンガを読むと、見慣れた日常がそれこそリンスをされたように、キラキラ輝いて見える。この世に存在するすべてのものが新たな輪郭を持ち、目の前に現れる。それに、自信がなかったことや誰も同意してくれなかったこと、今まで誰も教えてくれなかったことを、ああ、やっぱりこれで良かったんだと思える。例えば、特別なものじゃなくても、どんな小さなものでも、あなたが好きなら、どんなものでも好きで良いし、すごく好きで良いのだ、とか。好きなことに本気になっても良いのだ、とか。「さようなら女達」の館林鞠がマンガを仕上げるぞと意気込みながら、「万年筆には黒いインクがいっぱいなの　ウフフ」と幸せそうな顔をしたり、はじめて徹夜をした朝に、「キャー　朝日がまぶしい　くらくらする　なんせ　二日の徹夜だもん」と、充実した表情を浮かべるのを見るたび、私はうれしくてたまらない。

　徹夜明けで「キャー」と笑顔を見せるマンガ家志望の少女にはじまり、考えてみれば、大島弓子は、仕事や何かに思いっきり夢中になることの素晴らしさをはじめて私に教えてくれた人だ。会社と学校をドロップアウトした義父と娘が何でも屋をはじめる「毎日が夏休み」をはじめて読んだ時の、解放感は忘れられない。とにかく毎日学校に行かないといけないことがつらくて、このまま大人になっても会社で同じような目にあうのかと考えるだけで気が重かったのだが、この二人のように、いざとなったらなんとかなるんだと思ったら、ふっと気持ちが楽になった。エッセイマンガで描かれる生活にも憧れた。こんな風に家で、基本的には一人できる仕事がある、ということがもう希望だった。

はじめてページを開いた中学生のあの日から、私は「永遠の夏休み」を生きている。なぜなら、「ロストハウス」のエリが気づくように、「全世界を　部屋にして　そして　そのドアを」開け放つ方法を、「この世界のどこでも　どろまみれになっても　思いきりこの世界で　遊んでもいいのだ」ということを、大島弓子が教えてくれたからだ。大人になった今、はっきりとそう思う。

ギーコのチェーンソーはわたしのチェーンソー

『血まみれスケバンチェーンソー』三家本礼（エンターブレイン）

ホラー映画やアクション映画をよく見ている人ほど、万が一同じような事態に遭遇した際に、よりクレバーに対処でき、より生き残るんではないかとわりと本気で思っていた時期がある。どういう展開になるのか一度見て学習していることになるからだ。ゾンビ映画も同じだ。『ナイト・オブ・ザ・リビングデッド／死霊創世記』の主人公バーバラは、はじめこそ我を忘れて泣き叫んだが、ゾンビの行動パターンを徐々に理解するにつけ、立てこもった家に近づいてくるゾンビを見ながら「なんてノロいの」とつぶやき、自分はゾンビに勝てると言い出すが、私もゾンビにはいざとなったら勝てるんではないかと思っていた。昼間ゾンビ映画を見た後に家の周りを散歩していると、だいぶご年配の方々がおもいおもいのペースで歩いているのがゾンビに見えてくる。それを見て心の中でシミュレーションしながら、これはもう確実に勝てるなと思って安心したりしていた。だからゾンビ映画に走るゾンビが台頭してきた時は、あーあと思った。これでは負けてしまう。

しかし『血まみれスケバンチェーンソー』をはじめて読んだ時、そういうことじゃないと私は一瞬で反省、理解した。戦う素養があるやつは、もっとはじめから決まっているのだ。戦う能力があるやつは、ゾンビが走ろうがローラースケートはいて突進してこようが関係ない。ピンチの時王子様が助けに現れなくても気にしない。それは生まれつきだ。生き様の問題だ。ギーコのように。

解体屋を営む親の元に生まれたギーコは幼少期からチェーンソーを使いこなし、『悪魔のいけにえ』のレザーフェイスも真っ青の中学三年生である。このマンガは、独裁者にあこがれる同じクラスのネロによって改造死体にされてしまった同級生全員に襲われるはめになったギーコ（とその仲間たち）の戦いの物語であるわけだが、ギーコがスケバンであるため、このマンガは人をナメることに異常に厳しい。相手をナメたやつから負けていく。優等生の爆谷さゆりは「不良」（＝ギーコ）をナメて負ける。頭だけになった神田をナメた校内のアイドル仁島希は、神田に自慢の顔を半分かみちぎられる。敵のアジトのある階段の上で王子様登場とばかりに朗々とカッコつけて自己紹介していた神霊院直人は、直後に敵にやられる。また、自分のことをナメてくるやつはナメ返す、後先考えずその瞬間全力でぶっ叩くのが、ギーコの倫理である。

このマンガには、身も蓋もない事態しか起こらない。きれい事が一つもない。ギーコはチェーンソーで、ナグルシファーは自分のこぶし一つで（基本怒りのスイッチの入るのが自分の家が経営している学習塾の生徒に危害を与えるやつがいた時というのがとっても良い)、ろくなやつがいない世界を生き抜いている。

この二人のように生き抜くための術を持たず、強さがなく、ネロによって改造されてしまったクラスメートたちは、しかし改造によって身につけた能力によってある側面では解放されている。特に爆谷さゆりを含む女子たちが、ギーコとの戦いとは別に、個人的に性犯罪者に復讐、血祭りにあげていく様には共感しかない。そのため敵でありながら、彼らの多くを嫌いになることができない。改造の前、人間の時には犠牲になるしかなかった世界の残酷さに、はじめて打ち勝つことができた彼らの喜びは非常によくわかる。そうした時に、ネロはもちろん自分の野望のためにクラスメートを利用しているわけだが、同時に彼らの夢を叶えてもいるのだ。人間の時にはできなかったことを改造死体になることで果たすことができた彼らの多くは残念ながらギーコにとっては敵のままだが、そのなかでギーコとの友情が芽生えることによって、もう一つの経験をすることができたキャラクターが二人いる。神田と爆谷さゆりだ。

ケヴィン・ブロックマイヤーの小説『終わりの街の終わり』には、死んだ後も、生きている人間がその人のことを覚えていてくれる限り存在することができる死者の街が出てくる。その死者の街で、少女が手を離してしまい空に上ってしまった風船をつかまえて、その少女に返してあげた男がこう言う。

「ねえ、これが僕の今までの人生でした一番いいことかもしれないよ」

ギーコによって首から下を切断された神田は、ネロのアジトを教えるためにギーコに文字通り持ち歩かれることになるが、ギーコに仲間として認識され、ともに戦うなかで、はじめてある感情を知る。ギーコを助けるため戦闘で大ダメージを受け再起不能となった彼女は、「あたい…最後にやったよな　人に……信用されるってのは…悪か…ねーな…」と最後に満足そうにつぶやく。ネロがクラスをめちゃくちゃにする以前、ただ漫然と同じクラスで過ごしていた時には、決して生まれることがなかった気持ち。自尊心だ。

そして私も大ファンである爆谷さゆりである。爆谷さゆりは元々優等生であったため、ギーコのような不良を軽蔑していたのだが、あることがきっかけでギーコを好きになってしまう。一途にギーコを慕う爆谷はこのマンガ唯一の乙女担当である。乙女担当ではあるが、ネロに施された改造が全身爆弾というものだったので、特に◯◯◯にロケットミサイルが搭載されているので、戦うたびに服と下着が燃える。ギーコに会う前に服を汚したくないという乙女心を持ちながらも、戦うと毎回服がボロボロ、辺り一面火の海というダイナミックさが良い。優等生なのに全身爆弾というのが良い。彼女はギーコに恋をしたことで、好きな人のために自分の身を投げ出す強さを手に入れる。そして自分を守って自爆した爆谷を信じたギーコは、ネロとの戦いに勝利することができた。その後再登場した、好きな人のために戦うことの喜びに目覚めた爆谷さゆりは、ギーコのため、全力で戦いまくる。恋する爆谷さゆりは、バラバラにされようがなんだろうが無敵である。

『血まみれスケバンチェーンソー』を読んでいると身も蓋もなくわかるのは、人間だろうがゾンビだろうが、駄目なやつは駄目だ、いつまでたっても駄目だということである。だけど本気を見せたやつのことは、人間だろうがゾンビだろうが、ギーコは決してナメたりしない。

しかし駄目なやつもとことん魅力的であるのが、このマンガのすごいところだ。命をかけてギーコたちが戦っているなか、自分勝手なお金持ちキンバリーが言う「ヒヤヒヤするようなバトルは嫌なの!! 勝ち戦がいいの!!」も名言なら、お気に入りの男子ユートが好きな女の子を改造して本人に見せながらネロが放つ「お前が好きになった女はみんなこうする お前が彼女を好きになったりしなければ彼女はこんな目にはあわなかった お前が好きになった女はみんなこうする」も大名言である。どんな状況でもブレない各キャラクターたちの言動が好きで大好きで仕方ない。腹が立った時とかそれこそ誰かにナメられた時には（人って本当に人をナメる生き物！）、私は必ずこのマンガを読む。私のかわりにギーコがチェーンソーを振り回してくれる。タランティーノの『デス・プルーフ』や、アルドリッチの『カリフォルニア・ドールズ』でしか上がらないテンションがこの世にあるように、『血まみれスケバンチェーンソー』だけが晴らすことのできる気持ちがこの世にはある。第五巻の最後のページを見てしびれまくった私は、そうか、ギーコは王子様でもあったのかとようやく気が付いたところである。やっぱり爆谷さゆりは正しい。

おもうことはできる

『虫と歌』市川春子（講談社）

お土産だといって渡された小さな紙袋からさるぼぼが現れた時、どう考えていいのかわからなかった。さるぼぼは縁起の良いお守りとして飛騨高山で売られている。肌は真っ赤で、黒い布を頭にかぶったこの子ども型の人形には顔がない。求心力のあるつぶらな目をしたシルバニアファミリーやジェニーたちに見慣れていたわたしはとまどった。なんだこれは。愛し方がわからない。だって顔がないのだ。かわいさの糸口になりそうな目耳鼻口といったヒントがなにもない。顔がないというのは、なんだか良くないことらしいと子ども心に感じていた。のっぺらぼうの怪談しかり、振り返ると顔がない女の都市伝説しかり。いろんなところから声が聞こえる。普通じゃないことは恐怖なんである。良くないことなんである。じゃあなんでさるぼぼなんかが存在するの。

ヒナを見た時、さるぼぼに似ていると思った。ヒナにも顔がない。タンスのネジにされた流れ星のヒナはユキテルに助けられ、そこから徐々に人間化する。ユキテルのおばさんの家が古道具屋だったおかげでなかなか風流な過程を経たヒナの成長は、限りなく人間の幼児に近付くが、顔の造形の着手を前にぴたっと止まり、そのまま最後までヒナには顔がない（ユキテルの一部となったヒナが、眠っているユキテルのかわりに話す場面で、そのやさしい静かな表情を知ることはできるが）。顔のないままヒナは人間の所作を学び言葉を知る。

　われわれはいずれはくさる色とりどりのかじつをかかえるこどくなかごで　あみめのわずかなすきまから見えるけしきをせかいとよびそのさけめ目　はな　口　耳　せいきでたにんとこうりゅうを

（この後「ああんやめてごろうさんこんなところじゃおとうさまに」と続き、ヒナがエロ小説を音読していたことがわかる。市川春子作品の随所に顔を覗かせる、作者のシャイネスから発露したに違いないこういうユーモアが私はとても好きだ）人とつながるには「目はな耳口せいき」といった「さけめ」が必要らしい。掛け軸の龍に目を描き入れたら、その龍が生命を持ち空高く消えていったなんて伝説もあるくらいだ。それではその「さけめ」がないヒナには魂がないのか。普通ではない生き物には人とつながる能力が、術がないのか。ひっくるめて愛がないのか。

　その問いに対して、そんなことなーいとスマッシュ返ししたのが「日下兄妹」だと思う。自分を助けてくれたユキテルの願いを叶えるため、ヒナは「ビビビビー」と音をたてながら人間の世界を吸収する。はじめて読んだ時は、ヒナがユキテルの部品になる手術シーンにただただ圧倒されたが、二度目に読んだ時、そのラストの布石となる細かな描写の積み重ねに驚いた。図書館でユキテルの肩が壊れていると聞いた後、医学と書かれた棚に手を伸ばすヒナ。皿を運ぶにも腕が震えるユキテルを見て、(はやく治療方法を学ぶため)図書館へ行こうとせがむヒナ。夜の公園で「ベガとアルタイルくらいしかみえんな」とつぶやくユキテル。そしてヒナの「あとひとつだけユキテルのねがい叶えます」という言葉。

そうだった。ヒナが叶えた願いは一つだけではなかった。ユキテルが心の中で鍵をかけた願いをヒナは形にする。産まれなかった妹との生活。そして「あーそれくいてえ」とつぶやけば、その献立がテーブルに並ぶ家族の食卓。幸福なわがまま。「昔から言葉が足りん」ユキテルの口が開く。

この宇宙の中で人間に見えてる物質は　わずか5%で残り23%は光を作らず反射もしない物質であとの72%はもっと得体の知れないものだって　だから世界の95%はわかってないんだと　それなら父親をしらなくても母親を覚えてなくてもおかしくないよな俺　本当は宇宙のこととか……

この世界の九十五パーセントがわからないのなら「目　はな　口　耳　せいき」がなくたって何だ。普通と違うからってなんだ。たとえ目があってもそこから見える世界の小ささよ。それは「すきま」であって「あみめ」でしかない。市川春子の作品を読むということは、見えていない世界があるということを知ることだ。わたし達にはほとんど見えない。けれど見えていない世界を想うことはできる。おもうことはできる。

たっぷり、たっぷり、たっぷり

『私の小さなたからもの』石井好子（河出書房新社）

起きている時も寝ている時も、仕事をしている時も遊んでいる時も、ゴルフや歌や水泳をしている時も、ああ私は幸せだ、生きていてこのように暮していて幸せだ、と思えるように、すべてを大切に生きてゆきたいと思う。

本書の「眠るために必要なもの」というエッセイのラストを、石井好子はこう結んでいる。石井はまさにこの一文を体現した人であるように思う。彼女は贅沢に生きた人である。本書を読んでいて気づくのは、彼女が「たっぷり」というフレーズを好んで使うことだ。

「タオルのある風景」のなかでは、「日本におけるタオルの歴史は浅い。そのせいか、タオルをたっぷり使うことを知らない人が多い」「タオルをたっぷり持っていて、毎日洗って新しいのを使うのが、私のぜいたくである」と、タオルにおいて大切なことは、「たっぷり」使うことであると彼女は言う。

「「鮭の冷製」用の皿と鍋」では、「鮭の冷製」をのせる長い皿が冷蔵庫に収まらないので、商業用の大型冷蔵庫を買ったエピソードが披露される。バカにされるかもしれないがと前置いたうえで、しかし「大型冷蔵庫を買ったおかげで、他の食べ物もたっぷり入り助かっている」と、彼女は悪びれない。

本書のラストに添えられた石井の秘書、矢野智子によるエッセイは「たっぷり、たっぷり」と名付けられており、闘病生活中の石井の様子が綴られている。

熱が長く続き、動く事もおつらそうな病室で、晩に休んだまま蒸しタオルで顔を清められた後、手のひらをくぼませて
「オイルをたらしてちょうだい」と請われ、こぼしはしないかと少しづつ瓶をふる私に「たっぷり、たっぷり」と無邪気にほほえみながらおっしゃる先生は、強く、たおやかで、美しかった。

紙のうえだけではなく、実生活の石井も「たっぷり」という言葉を使っていたことが窺い知れ、彼女が最後まで「たっぷり」を実践していたことがわかる嬉しいエッセイである。一人の女性のお気に入りのものが綴られている本書から溢れる異様なほどの説得力は、彼女のように生きた人だからこそ書き得たのではないか。ただ、ここで強調したいのは、名家に生まれたお

嬢さんが、お金に不自由なく、すべての願望を叶え、贅沢な暮らしをしたからこの本が生まれたのではないということだ。石井を語るうえでの「贅沢」はそうではない。

石井好子が音楽学校の生徒だった頃、世界は戦争の真っ最中で、軍歌以外の歌を歌う人は国賊であるかのような扱いをうけた。石井の『いつも異国の空の下』には、夢破れ、最初の結婚が破綻した後、「一人になった以上私のすがるものは仕事だけになった。好い仕事がしたい、歌がうまくなりたい、世間にもみとめられる歌手になりたい、それだけだった」と切望し、行き詰まった現状から逃げ出すように「外国に行ってみたい、新しい空気にふれてみたい」とサンフランシスコに留学を果たす彼女の姿がある。この際、娘の渡米費用を父は別荘を売って捻出する。

渡米してからの石井は貧乏暮らしを余儀なくされ、日本人として差別を受けながらも、音楽の勉強に情熱を燃やす。そしてチャンスをつかみ、パリの〈ナチュリスト〉でシャンソン歌手としてデビューした時には三十一歳になっていた。一般的に知られる歌手のデビューの年齢としては、だいぶ遅いと言えるはずだ。二十代の歌手や踊り子たちに混じって自分は二十七歳だとしれっと嘘をつき(「私は二十七歳と嘘をついていたが、心は三十を過ぎた、一度結婚にもやぶれた女性だった」)、一日の休みもないまま一年間舞台の上で歌い続ける彼女の日々は、過酷としか言いようがない。『女ひとりの巴里ぐらし』『いつも異国の空の下』を読むと、歌手として身をたてるなかで、セクハラの被害にあいキャリアを妨害されたことや、政治家の娘が舞台なんかで歌い踊ってと陰口を叩かれたことなどがわかるが、それでも彼女は自分を突き通した。

海外での戦いの日々は、同時に石井の人生に素晴らしい贈り物をもたらした。本当の贅沢を彼女は知ったのである。

石井の料理エッセイ集『巴里の空の下オムレツのにおいは流れる』は、パリで下宿していたアパートのマダムが作る、「おどろくほどたくさん」バターを入れたオムレツの思い出からはじまる。「ずいぶんたくさんバタを入れるのね」と驚きながらも、石井はオムレツを味わい、「オムレツって何ておいしいものだろう」と思う（同書は収録されているエッセイのタイトルだけとっても、「よく食べよく歌え」「また来てまた見てまた食べました」など、貪欲でチャーミングな彼女がよく表れている）。また、彼女の書くエッセイには、フランスで出会った、貧しい身なりをしても食にはお金をケチらない市井《しせい》の人々やお金がないなかでなんとかおしゃれを楽しんでいる若い女性の姿が何度も登場する。

石井は、贅沢に生きること、生きるうえでの美意識を、人生で出会った人々や出来事から学んだのだ。〈ナチュリスト〉の歌手や踊り子たち、そしてダミアや藤田嗣治、ジャコメッティなど、当時フランスで名声を誇っていた者たちの人生を真近で体感し、何より海外でたった一人奮闘する日本人女性としての自分の日々を鑑《かんが》みたときに、人生の残酷さと喜びを身に染みて感じたのではないだろうか。本書の「〝何時《いつ》か〟では遅すぎる」というエッセイには、「生きているという事は、何と有難く、すてきな事だろうと思うためには、自分から求めなくてはいけないと思った」とあるが、彼女は本当にそう実感したのだろう。そして、そうした。

「忘れ得ぬ一枚」というエッセイでは、若い頃に、旅先で写真をぱしゃぱしゃ撮っている人々を横目に、「〝私は心で、景色を・雰囲気を楽しもう〟」と決意したが、大人になってから「〝あのころも写しておけばよかった〟」と後悔したと書かれている。「やはり、心に焼きつけ、楽しみ味わい、そしてまた写しておくべきである」という一文で締めくくられているが、生きれば生きるほど、貪欲になっていった彼女の姿が浮かび、思わず笑ってしまった。「写しておけばよかった」と石井は言うが、「セーヌ河と野苺」「心に残る食卓」に描かれる、ある女性の美しい一瞬をとらえたエッセイなどはまるで一枚の絵のようで、小さな頃から、彼女の目がいかに世界に反応し、心に残る風景を写し続けてきたかに驚嘆させられる。

　石井がたどり着いた「贅沢」は、自分らしく生きること、自分を大切にすること、誰の目も気にせず自分が好きだと思うものにお金をかけること、そして有限である人生を楽しむこと、だった。終戦後にアメリカから届いた赤いレインブーツ。フランスの女性たちが身に纏《まと》っていた香水の香り。マドリッドで飲んだ、「太陽の光りを吸って育ったせいかしらと思うような色」をしたオレンジが入ったサングリアの味。アメリカ留学時に「暗い過去が遠のいて何にもとらわれず生きてゆく道が少しづつひろがっていった」思い出としてのタップシューズ。彼女の「小さなたからもの」は、どれも石井好子という女性が自分なりに、自分らしく、生きてきた実感が込められたものばかりである。だから読んでいて、こんなにも生き生きと楽しく、ときに哀しいのだろう。取捨選択などみみっちいことをせずに、すべて楽しみなさい、この世界を味わいなさい、という石井好子の声が聞こえてくる。

これからのサバイバル術

『女たちのサバイバル作戦』上野千鶴子（文藝春秋）

子どもたちは、見ていないようで、見ている。自分が見ているものの実体や社会現象としての名称は知らなくても、テレビや雑誌から流れる情報や（ニュースだけではなく、ドラマでもCMでも、アニメからだって社会は感じられる）、親や周りの大人たちの言動から、時代の空気をそれなりに感じとっている。

そして彼らは、自分たちが社会に放り込まれる二十代になったとき、上の世代と違う道を行こうとする。前の世代を嫌だと思っているのでも、若いから上の世代を軽く見ているのでもなく、自分たちが見てきた社会や世代の問題点を無意識に回避しようとしているのだと思う。それは、前の世代の苦労や痛みを、ちゃんと彼らがどこかで感じとっていることの証拠でもあるはずだ。

自分は今年三十四歳になったのだが、今の二十代の人たちに結婚願望、特に女性に主婦願望が強い人たちが多く、「さとり世代」と呼ばれていると知ったときに、ああ、自分たち三十代

の、過去十年間の生き方が絶望的に見えたんだろうな、と思った。

『女たちのサバイバル作戦』は、日本で「男女雇用機会均等法」が制定されてからの約三十年、日本社会がどのように変わり（または変わらなかったか）、それに対して男たちが、女たちが、どう反応し、関わっていったか（関わらざるを得なかったか）をまとめたものである。七九年生まれの自分は、中学の授業で「男女雇用機会均等法」を学んだときも、自分に何が関係あるのかまったく理解しておらず今思い出しても情けない限りであるが、それでも、この本を読んで思ったのは、私も私なりに「男女雇用機会均等法」を見てきた、そして歩んできたということだった。

八五年、「男女雇用機会均等法」が制定される。しかし、女性が働きやすい社会になるかと思ったら大間違い。男性主体の構造はそのままに、「女性差別を固定」するために、「総合職」と「一般職」の「コース別人事管理制度」が導入される（ドラマに出てくるお茶係としての女子社員の姿、社員旅行先の温泉での冗談みたいなセクハラ描写）。また、女の幸せは結婚という風潮も根強いままだった（大人たちの会話に出てくる「家事手伝い」という不思議な言葉）。テレビの中でも外でも「差別」は湯水のようにじゃあじゃあ流れていて、大学を卒業する頃の私はすでに世の中の窮屈さでがちがちになっていて、正社員になりたいなんて気持ちは露ほどもなく、結婚なんてホラーにしか思えなかった。というわけで、逃げるように私の悲しい非正規雇用人生がはじまるのだが、それは自分の選択だと思っていたが、結局は選ばされたものであることに、この本を読んでようやく気づいた。

　雇用機会均等法と同時に成立した法律がある。労働者派遣事業法だ。これにより、人材派遣会社が誕生し、雇用が正規、非正規に二極分解。そして格差社会が生まれた。「柔軟な労働ィコール不利な労働」で、「極端な賃金格差」が正規、非正規の間にあることは、自分も身にしみて感じた。また、一度非正規の道を進むとその後正規になることが、男も女も、今の社会では非常に難しくなる。これでは人生設計できるはずもなく、非婚化、少子化が深刻化。少子化だと嘆くくせに、社会は日本的な古くさい意識を捨ててくれない。未婚で出産したスポーツ選手に批判が集まった件もそうだが、一般的だと思われている産み方をしないと世間の風当たりが強い。満足のいく援助もない。また、雇用崩壊により、男性にも非正規が増えたことで、女性が「専業主婦になりたくてもなれない状況」が生まれる。正規の人たちも別に幸せそうじゃないし、優遇されているはずの男性だって、少しも幸せそうじゃない。誰も幸せそうじゃない。けれど、生き方の多様性を尊重する流れも以前よりははっきりとあるし、選択肢も増えた。

　このような現状を鑑みて、著者は最後に重要なアドバイスをしてくれている。それは、「ひとりダイバーシティ」で行け、ということだ。確かなものが一つとしてなくなってしまった、または、多様性が浸透しはじめた今の日本では、万人に当てはまるアドバイスなど存在しない。何がどうなるか誰にもわからない。楽観的になれるような要素も一つもない。だからどうなっても大丈夫なように、「実践的にいうならば、ひとりの個人やひとつの組織に自分の運命を預けない、収入源はシングルインカムより、ダブルインカム、いやそれどころかトリプル、クワドルプルのマルチプル・インカムソースがのぞましい」、そうやって「リスク分散」しろと。「家族」や「結婚」や「会社」に幻想を抱かせ、窮屈な世界を作り上げようとする人たちの圧に苦しんできた人たちにとって、これ以上前向きなアドバイスはないだろう。

もちろん現状把握をして、柔軟に生きていこうとする意志のある人ならどの世代にも必要な本だと思うが、私は、男女問わず、二十代の若者、特にこれから社会に出ていく人たちに読んで欲しいと思った。その理由は、冒頭で触れたように、十代の頃彼らが見ていた目の前のぼんやりとした像にはっきりと焦点が合うはずだからだ。そうすれば「どこにも逃げ場はない」ということがはっきりとわかる。子どもの頃、なんとなく目に入っていた社会の姿は、大人たちの不幸せそうな顔は錯覚じゃない。あなたたちが見たものは正しい。逃げたくなるのも当たり前だ。けれど逃げ場はないのだ。自分がどういう「戦場」にいるのか、前の世代がどう戦い、どう負けてきたのか理解していれば、どうせ逃げられないのに前の世代の失敗から逃げるような時間の無駄をすることもなく、はじめから自分の人生に専念できる。それはアドバンテージだ。日本中の成人式で、毎年この本を配ってやりたい。自分がどういう「社会」に組み込まれた「個人」なのかを認識して「サバイバル」していくのに、これ以上有効な本もないだろう。

心の喜びに忠実に

『ひみつの王国――評伝　石井桃子』尾崎真理子（新潮社）

物語の奥から聞こえてくるやさしい声そのままに、石井桃子は柔らかな人なんだろうとこれまでずっと思ってきた。しかし、この評伝を読んではじめて知った石井は、妥協を許さない、鉄の意志の持ち主であり、厳しい現実と、そして心の嵐と戦い続けた一人の女性だった。

まず、十代からすでに不思議だ。見合いして結婚するくらいなら「自分の力で生きていく道を見つけた方がいい」と、戦前の、十代の少女が決断したという事実がもう特殊だ。しかも女性が自活する道は「教師以外はほとんど皆無」だった時代に、教師だけは嫌だとはっきり思ってしまう。

人生前半の石井は、菊池寛や山本有三など、華々しいメンバーと仕事をしながらも、少しも浮かれることがない。彼女は静かに周囲を観察し続け、嫌だと思った要素を後半の人生に見事なまでに持ち込んでいない。

石井にとっての最重要事項は、親友となる小里《おり》文子《ふみこ》や「クマのプーさん」と出会ったときに感じたような、心の喜びであった。この喜びは、彼女が八十代になって書いた自伝的小説『幻の朱い実』の明子が、「葉子、大津さんの烏瓜《からすうり》ね、この千倍も、万倍も美しかった！　千倍も万倍も！　こんなもんじゃないのよ。あなたに見せたかった、そういうものも、この世にあるんだってこと！」という一言に表される。男の人はこの喜びを私にくれないと、生涯独身だった石井は判断したのではないか。

心の喜びに忠実だった彼女は、心の中で喜んでいるのが、幼い頃の自分自身であることに気づいたとき、この子を喜ばせ、守り続けることを選ぶ。そして、自分の中だけじゃなくて外にいる子どもたちにも、面白い本がたくさん「この世にあるんだってこと！」、それを読んだときの心の喜びは「こんなもんじゃないのよ」ということを教えてくれようとした。一粒ずつ種をまくように、非凡な情熱と凄まじい持続力で子どもの本をつくり続けた。石井桃子が百年かけてつくり上げた秘密の花園で生きている私たちは、恐ろしいほど幸せだ。

どんな若返り法よりも効く薬

『首のたるみが気になるの』ノーラ・エフロン／阿川佐和子＝訳（集英社）

ノーラ・エフロンの映画を私が繰り返し見てしまう理由の一つに、そのディテール力がある。登場人物たちの交わす会話、服装、住んでいる部屋のインテリアから、彼らが小さなことをいとおしみ、面白がって日々暮らしていることが伝わってきて、だからこそ彼らは魅力的なのだということがわかるのだ。見ると内側から明るい気持ちになる。

そのノーラが亡くなる六年前、六十五歳の時に出したエッセイ集が、この『首のたるみが気になるの』である。夢中になった料理本についてのエッセイも収めてある本書には、一貫してピリッとスパイスとユーモアが利かせてある。表題エッセイからしてこうだ。

「ときおり老いについての本を読むことがある。が、どの本にも、『老いることは素晴らしい』と書いてある。（中略）いったい何を考えているのだろう。この人たちに首はないのか？　首が隠れる服を探すのに苦労したことはないわけ？」

この本は、きれい事や辛気くささとは無縁だ。ほとんどの女性が頭を悩ませたことがあるだろう「日々のお手入れ」も、ノーラに細かく語られると、こんなに面白いことを自分は毎日やっていたのかと思えてしまうのが不思議だ。彼女のエッセイには、その人の日々のディテールが特別なものだと読んだ人に感じさせる明るい力がある。

また、若い女性への目線もやさしい。

「もしあなたが若いなら、さあ、今すぐビキニに着替えて、三十四歳になるまで脱いじゃダメよ」

というアドバイス（？）など、もっと早く読みたかった。別にビキニが着たかったわけではないが、若いときほど、自分の若さに気づかないし、大人からはつまんないことしか言ってもらえない時期だから。老いを「いい話」でごまかさず、ユーモアを交えて自分の人生を語ることができる彼女の態度が、老いない心が、何よりも老いることを肯定している。どんな若返り法が書かれた本より、この本には効き目がある。彼女の言葉は、どんなときも楽しく生きていきたいと願うすべての世代に届くだろう。

はじまりはひなの
『オリーブ少女ライフ』山崎まどか（河出書房新社）

すべてのはじまりは、吉川ひなの、だった。中学生の頃、本屋の雑誌コーナーに並んでいた「SEVENTEEN」の表紙で彼女に出会った。アーガイルセーターにインディゴジーンズ、ごつめの革靴というボーイッシュなスタイリングが、当時の彼女の代名詞である眉上で揃えられた短い前髪、非人間的な愛らしい顔によく似合っていて、目が離せなかった。まだ十七歳じゃなかったから買ったことのなかった「SEVENTEEN」をふらふらと手に入れた私は、その日から、吉川ひなのを見つけるために並んでいる雑誌のページを片っ端からめくるようになった。彼女に導かれなかったら、私の女性誌デビューはもっとだいぶ遅かったはずだ。彼女が載っている雑誌は、それだけで買うに値した。掲載ページをクリアファイルにひたすらファイリングした。クラスに吉川ひなのの切り抜きを集めている人間がほかにいなかったので、彼女の切り抜きはすべて私の机に集まった。

だから多分「オリーブ」も、その流れで知ったのだと思う。はじめに買った号には吉川ひなのは載っていなかった気がするので、なぜ買ったのかはよくわからないのだが、その後はちょこちょこと買うようになり、一時期は毎号買っていた。古本屋などで手に入れた八〇年代の「オリーブ」もあったが、基本、私の知っている「オリーブ」は、九〇年代の「オリーブ」である。

今、かつて自分が繰り返し読んだ「オリーブ」の表紙を見て体の中に湧き上がるのは、ほんわかした懐かしい気持ちなどでは一切ない。ファッションを含めほかにはない提示の仕方で、ページをめくる度に怒濤のように飛び込んできた、異常な量の情報と対峙することが面白くて仕方なかった自分の必死さであり、歓喜である。本や映画の特集も多く、「オリーブ」のおかげで知ったものがたくさんある。九〇年代終わり頃になるとモテファッションの図解などが載るようになり、どうも様子がおかしいぞと訝しんでいるうちに「オリーブ」は休刊してしまった。

「オリーブ」が復活したのは、大学生の頃だった。新しい「オリーブ」の中で、かつての「オリーブ」が一番魅力的なかたちでアップデートされていると感じたのが、創刊号から一ページで連載されていた山崎まどかの「東京プリンセス」だった。情報処理するのも追いつかないま体の中に知識を詰め込んでいるのが中高校時代の私と「オリーブ」の関係だったとするなら、年齢に合わせて、自分が本当に好きなものは何なのか、意識的に考え、選んでいくことも必要だということを、この連載は教えてくれた。それはその時の私に必要なアドバイスであったし、何より、自分たちの身の丈にあった素敵なものを楽しみ、憧れを語り合う葉月と茜のストーリーが大好きだった。買いそびれた号が何回かあったのが痛恨だったが、この連載もクリアファイルにファイリングして保管していた。いつまで経っても書籍化されないのが謎で仕方なかったので、今回の書籍化を本当にうれしく思っている。

少女探偵、初恋に決着をつける

『誰でもない彼の秘密』マイケラ・マッコール／小林浩子＝訳／（東京創元社）

「わたしはだれでもない人！　あなたはだれ？　あなたもだれでもない人なの？」というフレーズではじまる、エミリー・ディキンソンの短い詩は前にも読んだことがあったけど、そうか、これは恋の詩だったんだなと、『誰でもない彼の秘密』を読んではじめて気がついた。誰も知らない二人だけの世界があることの喜びを閉じ込めた詩だ。この詩に導かれるようにして、身なりの良い謎の美青年と好奇心旺盛な十五歳の少女エミリーは、ある日野原で出会う。青年が「名のるほどの者じゃないよ」と自己紹介をしなかったので、二人はミス・ノーバディとミスター・ノーバディとして、短いけれど、親密な時間を過ごす。エミリーは普通の女の子とは少し違う自分を理解してくれる男の人にはじめて出会ったことで、胸をときめかせる。それは彼女の初恋だった。

この詩に導かれるようにして、とさっき書いたけど、本当は順番が逆だ。なぜならこのミステリ小説の主人公は、大胆にも、少女時代のエミリー・ディキンソンなのだ。つまり、作者は、エミリーのこの詩が生まれるきっかけになった出来事を創造した。このミステリは素敵だ。物語の謎を追うスリリングさもある一方、詩や植物採集など、実在したエミリー・ディキンソンにまつわるモチーフがちりばめられているので、とても楽しい。家族関係も史実に基づいている。生前は無名だったエミリーが亡くなった後、彼女が遺した作品を出版しようとした妹との関係は、本作の中でも強い絆で結ばれていて、愛らしい。

大胆な設定ではあるけれど、あの詩を書いたエミリーなら、こんな風に振る舞ってもおかしくないと素直に思える。首からさげた銀色の鉛筆と、コルセットに忍ばせた小さなノートがトレードマークの少女探偵エミリーは、勇敢に謎に挑んでいく。自分の初恋に決着をつけるために。

善良で哀しい女性たちが遺したもの

『パールストリートのクレイジー女たち』トレヴェニアン／江國香織＝訳（ホーム社）

幼い頃を思い出すとき、周囲から浮いていた、「クレイジー」とされていた人ほど心に残っているのはどうしてだろう。日常会話の中でも、小さな頃近所にいた「クレイジー」な人の思い出話になることがあるが、どんな世代の人もそのときちょっとだけ目が輝く。きっと彼らの思い出を語るとき、私たちは幼少期にいつでも戻ることができるのだ。

この本には、タイトル通り、「クレイジー」な女たちが何人も出てくる。ノースパールストリートは、一九三六年、六歳の僕と三歳の妹、そして二十七歳の母が、四年間音沙汰のなかった父から届いた手紙を信じてたどり着いたぼろアパートがある、貧民街といってもいい通りの名前だ。しかし、そこに父の姿はなく、再び置き去りにされた三人は、力を合わせて、ノースパールストリートでサバイブしていく。「僕たちの船」が現れて、家族をもっと良い世界に連れていってくれるまで。

作者にとって、「クレイジー」であるということは一種の褒め言葉であるらしい。例えば、ママのいとこローナの夫トニオなどは、僕が芝刈りの仕事で稼いだ六ドルばかりの金をうまく丸め込んで自分のものにしたり、ママの結婚式の夜に新郎のベンから金を巻き上げる片棒を担いだりとなかなか強烈なキャラクターだが、「クレイジー」だとは形容されない。彼はただの嫌なやつとして語られる。語り手の僕にとって「クレイジー」なのは、喧嘩っ早くて情緒不安定、トムボーイスタイルのママを筆頭に、精神的に追いつめられると熱いフライパンの把手をつかむ手を自分で離すことができないミセス・ミーハン、人一倍シャイで誰とも会話をしないミセス・マクギヴニィ、自らの人生を犠牲にして生徒たちに尽くしたミス・コックスなど、善良で、哀しい女性たちだ。街の人たちにその存在を忘れられてしまった、戦争で心に傷を負った夫を一人で何十年にもわたり世話をしているミセス・マクギヴニィには、フォークナーの「エミリーに薔薇を」のエミリーを思い出した。彼女たちの存在に圧倒されながら、また、ママが喧嘩ごしで質屋から手に入れたラジオや、忍び込んだ図書館と映画館で出会った数々の物語に魅了されながら、少年はたくましく成長していく。同時に世界は第二次世界大戦に突入し、家族はさらなる困難に見舞われる。

もしかしたら、人生を信じること自体が、「クレイジー」なことなのかもしれない。この本を読んでいると、そんな風にも思えてくる。それでも同時に、「クレイジー」であることをやめたくないと思わせられてしまうのだ。

人生を肯定する力

『赤の他人の瓜二つ』磯﨑憲一郎（講談社）

一人の男が、ある男が自分と瓜二つだということに気付く。ならば次の展開は、ドッペルゲンガーの出現に怯え、どっちが本当の自分なのかを賭けた全面戦争と相場は決まっている。しかし男は肩すかしのように見る間に退場、ある男の家族の物語が始まるのだが、なぜかチョコレートの起源まで辿らされ、行く先不明のまま連れ回される。そして気がつけば、思いもよらぬ場所に立っている。

登場する赤の他人の瓜二つは、実は前述の一組だけではない。物語を通して、「瓜二つ」「同じ顔」「のっぺらぼう」「区別がつかない」「共通項」という言葉が多用され、時と時代を超え、誰かが誰かに似ているというエピソードがちりばめられる。昭和の少年とコロンブス、コジモ三世の侍医は、死に直面した際、自分の死は「多くの死のうちの、たった一つの死に過ぎない」とそれぞれ思う。

一方で、自分もまた自分自身にとって赤の他人なのだという、驚くべき事実も提示される。

朝方死人のように仕事に出かけた夫は、昼飯の頃には「別人」のように力を漲らせている。幼い頃はひとを食ったような性格だった妹は、大人になってよくある不倫の関係にはまり、彼女の髪は物語の後半銀一色に変わる。また、何度もほかの人生が、可能性があったのではないかと示唆される。そうやって人には固有性などないと繰り返し示されるなか、しかし人はそれでも生きていくための力が、いつの間にか自分の中に装備されていたことを発見する。

それは自分自身の過去、そして過去を礎《いしずえ》に何がどうであろうとほかの選択肢などありえなかったと人生を肯定する思い込みの力である。成長した少年は人生に迷った時、「時間の経過すらきっぱりと拒絶する彫像」のようなブレない両親の姿（むしろ若返る）と妻の存在に助けられる。一人で生きることを選択した妹は、根拠も何もないふとした理由から、過去が自分を守ってくれているから孤独に怯えることなどないと気付き、幼い頃母と交わした会話の断片を思い出す。

時間は過ぎることとで人の永遠性を否定し続けるが、同時に過去を生み出し続ける。自分の過去と記憶を唯一無二だと信じることで人は生きていける。物語のラストに用意されているエピソードはそのことを強く肯定するものだ。そして時代の変化に抗いながら両親が住む老朽化した社宅は、時間に守られるかのように緑に包まれる。それぞれ時を経た家族の軌跡は、数奇な運命を辿り、液体から固体へと姿を変え、今日でも大量生産されながら、「この世界では他に一つとして似たもののない」独特の味覚で愛され続けているチョコレートの歴史と重なる。

これでも「光」を信じられる？

『とうもろこしの乙女、あるいは七つの悪夢』ジョイス・キャロル・オーツ／栩木玲子＝訳（河出書房新社）

「バカどもへ！」という強烈なはじめの一文にまず面食らう。私も「バカども」のなかに入っているのかな、入ってなきゃいいなと怯えながら読み進める。

この本には、さまざまな悪夢のかたちが描かれている。「とうもろこしの乙女　ある愛の物語」「ベールシェバ」は突然事件の被害者になってしまう悪夢。「私の名を知る者はいない」は、夢見がちな少女が妹の誕生という悪夢と直面する。「化石の兄弟」「タマゴテングタケ」は世界に自分と同じ人間がもう一人存在するという悪夢を生きた双子たちの物語。「ヘルピング・ハンズ」は夫の死という悪夢のなかで「一種の死後の生を生きているような気」がしている未亡人と、「俺たちゃ死んでるんだよ」と言う戦争帰還兵が出会う。「頭の穴」では老いを受け入れることができず、整形にはまる女たちが描かれる。

共通するのは、皆「生還者」であるということだ。

登場人物たちは世界の邪悪さに一瞬でからめとられるが、誰にもわからない理由で解放される。しかし事件から生還しても、もうそれまでの自分には戻れず悪夢は続く。平穏無事な人生を送り生き長らえた者たちも、老いや家族の死という悪夢からは逃げることができない。悪夢はぽっかりと穴を開けて待ち受けているのではなく、地続きで存在するものであり、死後どっちがどっちか判定不能となった双子のように、加害者も被害者もない。人生の被害者だと思っていたのに一瞬で加害者に転じてしまった整形外科医の心には「あいつらみんな許さない」という言葉が浮かぶ。「バカどもへ！」と自分を認めてくれない世界に向けて叫んだ少女のように。普段はやさしくコーティングされているけれど、世界とは、そもそもこういうものだったことを思い出す。

絶望的な状況のなかで、作家はそれでも最後にひと筋の光を放つ。無茶ぶりとも言える「光」だ。これでも「光」を信じられる？ と挑戦状を叩きつけられている気がする。

「私が夢中になれるようなお話をしてよ」

『夜は終わらない』星野智幸（講談社）

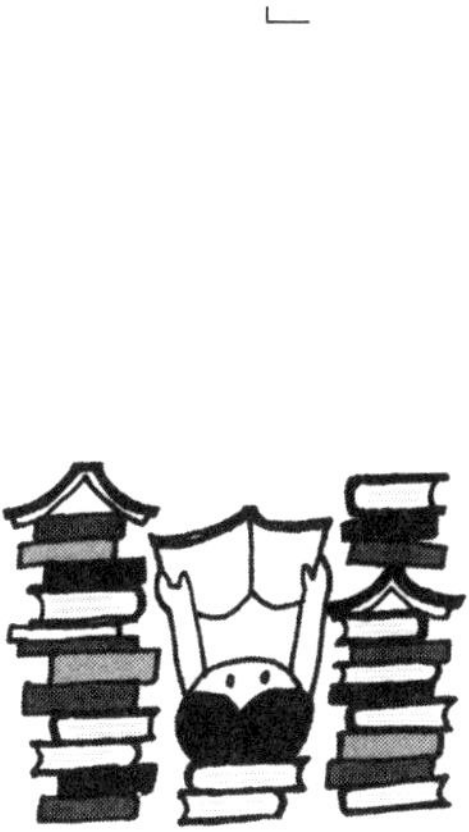

子どもはお話をせがむ。「お話しして、お話しして」と。まるでお話をしてもらうことが、親の愛を確かめる術でもあるかのように。しかも、適当に語られるとすぐに気づく。「ちゃんとお話しして」

命をかけて物語る物語といえば、『千夜一夜物語』だ。次々と妻を娶っては、初夜の後に殺める王様に対し、シェヘラザードは物語を語る。夜明けが訪れると、すっかり魅了された王様に彼女は告げる。続きは明日ですと。彼女は千夜にわたり物語り、殺されない。

では、この王様が、木嶋佳苗ばりの毒婦だったらどうだろう？　この場合の殺された妻たちが誰になるのか、皆すぐにピンとくるはずだ。

『夜は終わらない』の主人公玲緒奈は、男たちに尽くしては、お金を巻き上げる。命さえ巻き上げるのだが、その際、最後のチャンスを与える。「私が夢中になれるようなお話をしてよ」

だが、男たちの語る物語は玲緒奈を魅了できない。彼女は、「私は男たちのちっぽけで惨めで悲しいファンタジーを実現してやっている」と言う。なのに、相手は「一人で勝手に幻想に浸るだけで、すぐそばにいる私の欲望には気づかない。だから、私のファンタジーには関わることができない」のだと。

玲緒奈の気持ちがわかる人も多いはずだ。勝手な幻想を持たれたり、都合よく解釈をされたり、そういうことは日常生活で普通に起こる。相手の気持ちも理解はできる。だって、そのほうが楽だから。目の前にいる誰かのために、誠実に物語るのは面倒くさいから。

諦めず、彼女の物語を語ることができる男を追い求める玲緒奈の前に、シェヘラザードが現れる。六人目の男、クオンだ。彼の語る物語は、日に日に迷路のように入り組んでいく。物語の登場人物がまた別の話をはじめ、その別の話の登場人物が、またまた別の話をはじめる。物語は終わらない。その間だけは、性別も境遇も外の世界も関係なく、玲緒奈とクオンが存在できる世界が出現するのだ。

独りでいるより優しい場所

『独りでいるより優しくて』イーユン・リー／篠森ゆりこ＝訳（河出書房新社）

人とその人生に関わろうとする罪、反対に関わろうとしない罪、どちらがより罪深いのだろう。

本書の主人公の一人、如玉にとっては、その答えは明白だった。孤児の彼女は、「二度と縁を切られない」ために、人と深く関わらずに生きていくと決め、難攻不落の心の壁を築き上げた。けれど、彼女にとってまだ未知の部分を狙って侵攻しようとする人間が現れたことで、悲劇が起こる。

誰でもそうだと思うが、人は免疫がないことには動揺するし、予想外の行動やミスを冒す。特に若い時分ならなおさらだ。誤解や初恋、未熟な若者ならば誰でも経験するようなことが原因で、ある毒物混入事件が致命的な結末を迎える。毒は二十一年という歳月をかけて一人の女性を殺し、その間に、当事者の三人と家族たちの人生にも毒が回り、「台無し」になってしまう。

この小説は、若者たちの人生が「台無し」になる前とその後を交互に描き出す。北京で青春時代を送っていた彼らのうち、如玉と黙然は逃げるようにアメリカに移住し、唯一の男性である泊陽は、変わり果てた北京の街に残り、二人からの返信を待っている。全員結婚に失敗し、他人と関係を築くことを避けている。ここでも、関わろうとする罪、関わろうとしない罪、に彼らは直面しなければならない。

あの事件さえなければ、如玉に出会っていなければ、黙然と泊陽は幸せな人生を送っていただろうか。きっと、遅かれ早かれ、喪失はあらゆるかたちで二人を襲っただろう。一生無傷のままの人はいない。誰の人生にも作用せずに生きていくことができる人がいないように。如玉にだって無理だった。私たちは、どうしたって関わってしまう。

独りでいるより優しい場所。それは独りでいたことがある人にしかわからない場所だろう。黙然がアメリカ的だと感じた「先へ進む」という言葉が、臆病な彼らが気づかないように、そっと背中を押してあげているようなラストだった。

思春期は不気味でかわいい

『プリティ・モンスターズ』ケリー・リンク／柴田元幸＝訳（早川書房）

この世界は、美しいもの醜いもの面白いもの不思議なもの理不尽なものかわいいもの、とにかくたくさん詰まってできている。とんでもなく複雑で、情報量が多い。通常の場合、作家は、その中から取捨選択をして、物語を書くしかない。

けれど、ケリー・リンクはそのすべてを全部突っ込んで、物語を創造してしまう。読むと、さまざまな感情がいっぺんにフル稼働し、世界の輪郭を再確認させせられる。そういえば、世界ってこれくらい面白いものだったのかもな、と。

十の物語が収められている本書の表題作「プリティ・モンスターズ」は、思春期の少女たちに訪れる通過儀礼を描いた作品である。「試練」と名づけた難題を同級生に強要する姪《めい》に向かって、伯母はこう言う。「モンスターよ。あんたもあんたの友だちも、みんなそう。かわいいモンスターたち。女の子はみんなそういう段階を経るのよ。運がよければ、自分にも他人にも、消えない傷を与えずに通過できる」

女の子に限らず、思春期は不気味なものだ。しかしケリー・リンクの描く彼らは一人残らず、生き生きと不気味だ。そこに作者の愛情を感じる。

「モンスター」では、サマーキャンプに参加した少年たちが本物のモンスターに遭遇してしまう。小モンスター対大モンスターといった感がある。大人だって負けてはいない。「妖精のハンドバッグ」の主人公ジュヌヴィーヴの役目は、風変わりな祖母の保護者であること。祖母のハンドバッグの中にはなんと町があり、住民が生活を営んでいるのだ。

ケリー・リンクの目に映るものはみな、老いも若きも、生者も死者も、「かわいいモンスターたち」である。彼女は彼らを、自由自在に包み込む。一度ページを開けば、ケリー・リンクが広げた、巨大な、けれどやさしく温かい手を感じるだろう。本来、私たちはみな、本の中でも、本の外でも、ケリー・リンクの手の中にいるはずなのだ。

気持ちのいい背徳感

『うさぎ屋のひみつ』安房直子／南塚直子＝画（岩崎書店）

はじめて『うさぎ屋のひみつ』を読んだのは、小学生の頃だ。なまけ者の若い奥さんのかわりに、うさぎが夕食を作って届けてくれるお話だ。エプロンをつけたうさぎの名刺には、「夕食配達サービス／うさぎ屋」という言葉。

うさぎ屋の料理は魔法みたいにおいしい。ロールキャベツ、えびのコロッケ、とり肉のクルミソースと、メニューも毎日違う。読んでいて、本当にうらやましかった。大人になったら自分もこの奥さんのようになまけ者になるに違いないと私はすでに確信していた。だから、その頃にうさぎ屋があったらいいいなと思っていた。

うさぎ屋の料理を配達してもらうためには、月に一度、うさぎにアクセサリーを献上しなければならない。一回目は、奥さんが胸につけていた小さなガラスのブローチをうさぎは欲しがる。アクセサリー好きのうさぎというのも不思議だけど、縁日で売っている指輪とかガラス細工に夢中だった私は、うさぎの気持ちわかるよ、と強く頷いたものだった。

だけど、一か月後に差し出されたガラスの腕輪を見て、「もすこし、いいアクセサリーにしてくださいよ」とうさぎは意地悪く言う。そして、奥さんの大事な金の首飾りを巻き上げていくのだ。その次には、なんと金の結婚指輪までうさぎに取り上げられてしまう。金よりもガラスの方がキラキラして素敵だと思っていたので、うさぎがガラスよりも金が好きなのはあんまり納得できなかったけど、うさぎの本性がどんどん露《あらわ》になっていく展開にどきどきした。

指輪を取り戻そうと、キャベツ畑の下に隠されていたうさぎの家に忍び込んだ奥さんは、戸棚の中に並んだ小さな調味料の壜を見る。これがうさぎの料理の秘密だったのだ。ここからがすごい。奥さんは指輪のことなどけろっと忘れ、あの調味料を丸ごと盗んでやろうと思う。相談された旦那さんも、それ、犯罪だよ、と止めたりせずに、うさぎに見つからない場所に引っ越す準備をはじめてしまう。引っ越した奥さんは、盗んだ調味料を使って、料理上手に変身する。いまだに心配なのだが、奥さんは調味料がなくなった後にどうしたんだろう。困らなかったのだろうか。盗みにあったうさぎもうさぎで、くやしー！　と泣いた後に、また調味料を一から作って元通り。

同じ本の「星のおはじき」というお話では、同級生のおはじきを盗んでしまった女の子がそのことを気に病んでいると、柳の木がそのおはじきを預かってくれる。「気にしなくていい／もうわすれてしまいなさい」と歌いながら。

安房直子さんのお話は不思議だ。勧善懲悪とは違うけど、うん、これでいいなと納得させられてしまう。意地悪でやさしくて、見てはいけないものを見てしまったような、気持ちのいい背徳感がある。誰かの秘密を覗いてしまったような。私は今でも時々、本を開いては、うさぎの秘密を覗きにいく。

「欠点」が開くふしぎの扉

『大おばさんの不思議なレシピ』柏葉幸子／児島なおみ＝絵（偕成社）

『霧のむこうのふしぎな町』の主人公のリナは、物語のはじめに、ようやくたどりついた霧の谷にあるピコット屋敷の女主人ピコットばあさんに、いきなり欠点ばかりを指摘される。

「近眼だね。めがねをかけなさい。顔をしかめてものを見ると、しわがふえるよ。なんてかみなんだろうね。かわいい顔でもなし、かみぐらいきちんとしてなきゃ、見るとこないね。それにふとりすぎだ。あんたの部屋のベッド、こわれなきゃいいが」

　自分からきたがった場所でもないのに、いきなりあった人にそんなふうにいわれたリナは、「きらい、大きらいよ」と思い、ふてくされる。この不器用でふてくされる、「良い子」になれない主人公に、幼いころのわたしは親近感をおぼえた。自分もとにかく不器用で、なりたくても、「良い子」にどうしてもなれなかったからだ。

　リナは霧の谷にきていきなり「欠点」を指摘されるけれど、それは否定とはちがう。なにしろ霧の谷の住人たちは完璧とはほどとおい、それぞれ一風かわった人ばかりだし、じつは魔法使いの子孫なのだから。

　霧の谷じたいもすごくふしぎな町だ。西洋の町のようだけれど、おもちゃ屋さんには魔女の人形といっしょに白むく姿の花嫁人形があるし、本屋の主人ナータのお昼ごはんの黒パンには、たくあんがはさんであったりする。「ピコット屋敷も、ナータのところも、紅茶かコーヒーなのだが、シッカの店は緑茶だった」りする。だから、遠い場所のようで、なんだかよく知っている場所のような気もする。日本と外国のいいところを集めたみたいで、すごく楽しい気持ちになる。

　リナは霧の谷の気ちがい通りにあるお店を一つ一つお手伝いしてまわることになるのだけど、不器用だからといって役にたたないわけではない。自分で考えることができ、だれに教えられなくても相手の気持ちを考えてうごくことができる彼女は、ちゃんとみんなの役にたつ。物語のはじめに提示されたリナの「欠点」は、読みすすめていくうちに、彼女の「人間味」であることに読者は気づくだろう。ピコット屋敷のコックのジョンはリナにこんなふうにいう。

「でも、欠点のない人間ほどつまらねえものもねえんでさ」

「欠点」は「欠点」でしかないと、なおさないといけないものだとしかいわれたことがない子どもたちは、こんなふうにいってもらえたらすごくうれしいはずだ。わたしがかつてすごくうれしかったように。

　柏葉幸子さんは物語を書きつづけることで、何度も、何度も、この言葉をいいつづけているのだと思う。その証拠に、柏葉さんの物語に出てくる子どもも大人も、みんななにかしら「欠点」がある。

さらに徹底しているのは、「欠点」があるからこそ、登場人物たちはふしぎな世界にいくことができる、ということだ。『とび丸竜の案内人』の主人公理子は、無類の食いしん坊だったおかげで、竜と冒険の旅に出ることになるし、『大おばさんの不思議なレシピ』の美奈は、筋金入りの不器用だったことで、ふしぎな世界への扉が開く。

「まるでなにかに呪われている」ぐらい、不器用な美奈は、このままではいけないと、大おばさんが残したレシピに挑戦しようとする。分厚いノートには、「料理から縫い物、編み物や、自家製の風邪薬や湿布薬の作り方」が書いてある。じつはこのノートにのっているのは、妖精や魔女たちが必要としているものばかりで、作るとドクムマが窓口をつとめるふしぎな世界にいくことができる。

ノートのとおりに作ればいいのに、雑な性格をしている美奈は、ついつい手順を無視したり、自分のやり方でごまかしたりしてしまう。結果、不良品になってしまい、ふしぎな世界の住人たちはこまる。

けれど、この物語は、不良品であることを、不器用であることを否定しない。不完全な魔法を、美奈は「人間味」でカバーしてみせるのだ。しかも、自分が作っているのはふしぎな世界の住人たちが必要としているものだ、とわかってからも、美奈は雑なままだ。まったく自分をあらためようとする気配がない。「いつもどおりの不良品」を作り、どんなトラブルも、いつもの自分のままで解決してかえってくる。

　そんな美奈を、ふしぎな世界の住人たちも歓迎する。ドレサおばさんは、ある問題を、美奈の好きなように「ひっかきまわしておいで」とけしかける。さんざん美奈のことを「ぶきっちょ」だとけなすドクムマも、「おまえなら、きっとなんとかしてくれると信じておったんじゃ」とじつは信頼していたりする。美奈は、「そうか。わたしのぶきっちょも役にたってるんだ」と、にやりとする。

　現実の世界だと、女の子は、「おぎょうぎよく」とか「女の子らしく」とかきゅうくつなことをいわれ、「良い子」であることを求められることが多い。そうでない女の子は「欠点」があるように思われがちだ。だけど、柏葉さんの物語に出てくる女の子たちは、そんなことぜったいいわれないから、自由で楽しそうだ。読んでいると、むしろそうであれ、と背中を押してもらっているような気さえする。

『霧のむこうのふしぎな町』でも、リナははじめてはたらきに出る日、かぼちゃ袖のまっ白いワンピースを着ていこうとし、ピコットばあさんに「なんだい、そのかぼちゃみたいなそでは。ごてごてとかざりのついた服だこと。パーティーにでもいってくれと、だれがおまえにいったね」といわれ、困惑する。

　けれど、実際はたらいてみたリナは、ワンピースはうごきにくいことがわかり、次の日から、ジーンズとTシャツ姿で、ピコット屋敷をとびだし、仕事に向かう。リナが霧の谷からかえるとき、海関係のものを売っている店の店主トーマスが記念に彫ってくれた木彫りの船には、女の子が好きそうな「人魚かビーナス」の彫刻ではなく、「リナそっくりの女の子がこしに手をあてて、大口をあけ、どなっているところ」が彫ってある。女の子が無理に「女の子らしく」せずに、ありのまま生きていくことを、柏葉さんの物語はいつも肯定してくれている。

そして、一度開いたふしぎの国の扉を、柏葉さんは閉めない。『霧のむこうのふしぎな町』でも『地下室からのふしぎな旅』でも、もちろん『大おばさんの不思議なレシピ』でも、物語が終わるからといって、登場人物のふしぎな体験が終わることにはならない。『霧のむこうのふしぎな町』で、リナがナータに「どんなところにいても、一歩ふみだすと、気ちがい通りにこれるってことよ」といわれるように、『大おばさんの不思議なレシピ』で、美奈がドクムマに「また、あえるといいな」といわれるように、みんな、これからもふしぎな世界にもどっていくことができる。ふしぎな世界への入り口は、一生に一度開く奇跡なんかじゃなくて、本来、日常的にいくらでも開くものなのだ。しかも柏葉さんの物語の中では、そのふしぎな世界への扉は、「欠点」がある子ほど開くことが多い。

つまり、「欠点」の数だけ、あなたはふしぎな町にいくことができる。あなたの「欠点」は、ふしぎな世界への招待状なのだ。

サディ・グリーンとの出会い

『クリスマスに少女は還る』キャロル・オコンネル／務台夏子＝訳（東京創元社）

キャロル・オコンネルの書くミステリーに出てくる女性たちのことが大好きだ。〈マロリー・シリーズ〉のマロリー刑事は、尾行ができないくらいの美貌の持ち主だけど、性格は氷のように冷たく、『ドラゴン・タトゥーの女』のリスベットと同じくハッキングの天才。『愛おしい骨』に出てくる年配の女性捜査官サリーは花柄のワンピースを着ていて、あたたかいブラウニーやクッキーをふるまうが、その姿に油断して甘く見ていると痛い目に遭う。

そして誰より強烈なのが、『クリスマスに少女は還《かえ》る』のサディ・グリーンだ。十歳の彼女は「身の毛のよだつイメージで頭がいっぱいで、流血と暴力」が大好きな女の子だ。部屋はホラー映画のポスターやビデオ、おどろおどろしいおもちゃでいっぱい。自転車からリュックサックに至るまで、全身紫色でコーディネート。死んだふりで大人たちを驚かせ、「不意打ち」のいたずらが大の得意。サディの母親は、この子は「小さな未完成な人間」ではないと最大限尊重し、奇妙な娘に愛を注いできた。

田舎町に住むサディは、クリスマスを控えたある日、親友のグウェンとともに誘拐されてしまう。犯人はこの街に住んでいる誰かだ。大人たちはふたりの少女を救出しようと捜索を続けるが、囚われの身となった少女たちもサディの愛するホラー映画を参考にして、必死で助かる方法を模索する。サディは怖がる親友を常に勇気づけ、自分たちよりも大きな体をした犯人を前にしても決して諦めない。私はこの作品のラストを思い出すと、いつでも泣ける体になってしまった。大胆不敵なサディ・グリーンと出会うことができた、本当に特別な作品だ。

リンさんになりたい

『九年目の魔法』ダイアナ・ウィン・ジョーンズ／浅羽莢子＝訳（東京創元社）

小さい時から、数珠つなぎのように、目の前に本が現れた。文字が読めないうちから、母が絵本や童話を読み聞かせてくれ、図書館に連れて行ってくれた。父も誕生日などに、『ヘレン・ケラー』の伝記や詩集などを買ってきてくれた。少し成長し、自転車に乗れるようになってからは、本屋や市立図書館に一人で通った。タイトルを一つ一つ読みながら、本棚の間を彷徨《さまよ》っているだけで楽しかった。

中学に入り本を読む友達ができてからは、お互い好きな本を交換するようになった。高校の先生は、あなたはこの本を読んだ方がいいと言って、ある日『アリーテ姫の冒険』をくれた。そうやって、私は今日までに、たくさんの本に出合ってきた。

『九年目の魔法』もこの数珠つなぎの中で出合った一冊だ。絶対に好きだから読んだ方がいいと、ある友人が小包で届けてくれた本だ。

読んでいて驚いたのだが、この物語の主人公、十歳のポーリィにも、本が届く。ひょんなことから出会った年上の男性リンさんが、彼女にさまざまなタイミングで本を贈るのだ。『オズの魔法使』『トムは真夜中の庭で』『宇宙戦争』……、どれも実在の本ばかりで、リンさんからの小包には、こんな手紙が添えてある。

「どんな人もこれを読まずに育ってはいけない、と本屋が教えてくれたものばかりです」

リンさんからプレゼントされた本を読みながら成長したポーリィは、最後に、読書で培った知識と機転と想像力で、ある戦いに臨むことになる。『九年目の魔法』は、読書という行為の面白さ、大切さについて書かれた本だ。「魔法」とは、「読書」のことなのだ。

読み終わった時、両親も友人も本屋も図書館も先生もそして本の作者も、自分にとってのリンさんだったことに気がついた。『九年目の魔法』に出合った日から、私はいつも、誰かのリンさんになりたいという気持ちで書いている。

「最強の友人」

『いつかはきっと…』シャーロット・ゾロトフ／アーノルド・ローベル＝絵／矢川澄子＝訳（ほるぷ出版）

昔書店で働いていたことがある。自由な書店だったので、自分セレクトの棚を持たせてもらった時期もあった。棚二段分の限られたスペースではあったが、何を置こうか考えて発注する間、心が躍った。そして実際自分の棚から本が売れると、本当に幸せな気持ちになった。当時は、自由になるお金が今よりもっと少なかったので、何千円もする本を高いと思ってしまうことがあった。実際そう口にしたところ、書店の先輩がこう言った。

「服とかは一枚買うだけですぐ一万円を越えたりするけど、本は何度でも読めるのに、高くても何千円しかしない。本は少しも高くない」

きっぱりとした本への愛が伝わってきた。今でもよく思い出す一言だ。

本はどうしてこんなに素敵なものなんだろう。読んでいる間も、手に取り表紙を眺めている間も、しみじみそう思ってしまう。どこにでも持ち運べるし、ページを開けば別世界に連れて行ってくれる。装丁も一冊、一冊工夫されているので、家の本棚に良い装丁の本が並んでいるのを見ると、気持ちが満たされる。

小さな頃からずっと本を読んできたが、出会えて良かったなあと思う本がたくさんある。シャーロット・ゾロトフの『いつかはきっと…』は、両親が注文してくれた、お薦めの児童書が詰められて届く木箱に入っていた絵本だ。小さな本の中に、小さな女の子の憧れがぱんぱんに詰まっていて、何度も読み返した。去年あるイベントでこの本を紹介したところ、四歳の女の子がいる編集者さんが娘さんに買ってくれた。結果は、その子もすっかり夢中になり、母は毎晩何度も読むようせがまれ、最後には暗記して、諳《そら》んじるようになったそうだ。そう聞いて、とても嬉しくなった。体の中に憧れを育てることは、とても大切なことだ。本を読むと、好きなことや興味のあることがどんどん増えていく。

いろんな人が、いろんなタイミングで面白い本にどんどん出会えたらいいなと思う。苦しい時、悩んでいる時、世界に違和感を覚えた時、どんな時も本は必ず側《そば》にいてくれる。本は最強の友人である。

翻訳は特別な読書

①『はじまりのはじまりのはじまりのおわり』アヴィ／松田青子＝訳（福音館書店）②『狼少女たちの聖ルーシー寮』カレン・ラッセル／松田青子＝訳（河出書房新社）

童話執筆の打ち合わせ中、「普段仕事は何をされているんですか」と福音館書店の担当編集者さんに聞かれたのが、そもそものはじまりだった。「ＩＴ会社で内部翻訳をしています」と言うと、「訳者が決まらず、ずっと塩漬けになっている作品があるんですけど、それやりませんか」と返ってきた。

そもそも私がやりたかったのは内部翻訳のようなテクニカル翻訳ではなく物語の翻訳だったので、今すぐそれ罎《びん》から出してもらおうかという勢いで翻訳させてもらったのが、二〇一二年に刊行された『はじまりのはじまりのはじまりのおわり』である。アリとカタツムリが枝の上を旅するこの作品の原題は『The End of the Beginning』というもので、直訳すると『はじまりのおわり』だ。

似たようなタイトルの作品がいくつもあることと、二匹がのろのろ進む過程がいとおしい作品であったので、「はじまりの」をあと二つ足したらどうかと編集者さんに提案してみたら、すんなり通った。言葉遊びも楽しい作品で、不器用な子にも器用な子にも、つまりすべての子どもたちに読んでもらいたいと思っている。

そして、二冊目の翻訳書になる『狼少女たちの聖ルーシー寮』が二〇一四年の七月に刊行された。この本をはじめて読んだ時の感覚は忘れられない。収められた十の短編はどれもものすごく奇妙な設定と物語なのに、これは私のことだと、登場人物たちを心の底から理解できた。

特に、六つ目に収録された「イエティ婦人と人工雪の宮殿」の、少年が駄目な父親を受け入れるまでの心の作業を、製氷機でスケートリンクをピカピカに磨き上げることで表したラストが動転するほど素晴らしく、その頃にはもう、カレン・ラッセルという作家にすっかり恋に落ちていた。そのまま本の終わりまで驚きと喜びで胸がいっぱいで、その場で飛び跳ねたいくらいだった。

造語や言葉遊び、今まで聞いたことのないような表現など、とにかく自由自在な文体で、一文一文がスパークして見えた。スパークしている箇所ほどいざ翻訳する段になって大変なことが判明したが、そういう箇所ほど作業が楽しかった。傍目には、ただただ思い詰めたような表情をして猫背で机に向かっている人だったと思うが、頭と心の中は常に大興奮だった。

私は翻訳というのは、特別な読書だと思っている。訳しているうちに何度も原文に目を通すことになるので、自然とその過程で作品と作家のことを理解していくことになる。読めば読むほど、私はカレン・ラッセルの凄さ、面白さに圧倒され、ますます夢中になった。自分の小説も書いていたので、訳し終えるまでに一年ほどかかってしまったのだが、その間ずっと彼女の作品と一緒にいることができて、一番得をしたのは私だ。

この秋から、彼女の第二短篇集『レモン畑の吸血鬼』の翻訳に取りかかる。またカレン・ラッセルの世界で生きることができるのが、うれしくて仕方ない。

どこへいくの、どこにいたの？

高校生の頃、叔母の住むアメリカのコロラド州で二年間暮らした。普段は高校の寮で生活し、休みの日だけ叔母夫婦の家で過ごした。叔母の夫の実家も車で二十分くらいの所にあったのでよく連れていかれた。

どちらの家にもそれはあった。二つの家を行き来する間に通りすぎる住宅街のほとんどの家の入り口にそれがあった。木製のドアの内側に取り付けられた内開きのもう一枚のドア。網戸のドアだ。

私は網戸のドアが怖かった。雪にひたすら埋もれる冬以外の季節、外側のメインのドアは、外に向けて開け放たれた状態で固定され、入り口を守っているのは、薄い網戸のドアだけになる。一応網戸のドアにも鍵はついているが、鍵がかかっていないことの方が多い。確かに風通しはいいが、日本で住んでいたマンションの重い鉄のドアになれていた私は、網戸の薄さを頼りなく感じた。知らない人が網戸のドアに近づいてくるのが見えると、叔母夫婦がいても心細くなった。家の中にいるのが自分だけだと頭の中が真っ白になり、とりあえず居留守を決め込んだ。

叔母夫婦も近所の人たちも平気そうに見えた。町中のドアが開け放たれ、網戸から家族の笑い声が聞こえたり、生活の一場面が垣間見えたりする。それは平和な情景なのに、どうしても何か落ち着かない。私は網戸に感じる不穏さをうまく咀嚼できず食道のどこか中途半端なあたりにはり付けたまま、日曜の夜に寮に戻った。寮の扉は鉄だった。

ある時、日本でいうところの国語の授業で、『アメリカン・ショートストーリー・マスターピース』というアメリカの作家のアンソロジーが教科書になり、ある週、ジョイス・キャロル・オーツの「Where are you going, where have you been?」が課題になった。

それはコニーという十五歳の女の子の話だった。友達とモールに行ったり男の子と適当に過ごすのが好きな、現実よりも霞の世界にいるみたいな、自分の周りにもよくいる女の子の話だった。この物語はその時の私に近かった。本のページにすぐに潜水できた私は、よく知っている女の子の背中を追って泳ぎ進めた。

ある日、コニーが家で一人留守番していると、サングラスをかけた男の子が訪ねてくる。内心期待しながらコニーは入り口まで近づく。二人の間を隔てているのはあの網戸一枚きりだ。男の子はコニーに外に出てくるようにしきりに誘う。コニーがじらしたり怪しんだりしているうちに、男の子がサングラスをとると、相手が三十を過ぎた男であることがわかる。おびえるコニー。おびえる私。あわてて網戸に鍵をかけようとするコニーに男はいう。「そんなのただの網戸だ。なんでもない」コニーと一緒に私もその言葉にショックを受ける。でもそうだよね、ぺらぺらの網戸だもんね、やっぱ鉄の扉じゃないと。うんうんとうなずく私に男はさらに続ける。「網戸だろうがガラスだろうが木だろうが鉄だろうが関係ない。誰かがその気になったら何だって突き破れるんだ」容赦なくうちのめされた私が呆然としている間に、こっちが本当の世界だと男に呪文をかけられるように言い含められたコニーは、自分の運命をさとると自ら網戸を開け、男に連れ去られる。危険を感じて水面に急浮上するかのように本のページから顔を上げた私は、口をぱくぱくさせながら心の中で叫んだ。やっぱ網戸こわっ！

　やっぱりそうだった、あの網戸は魔の世界への入り口だったのだ。どの家の入り口にも魔の世界への、未知の世界への入り口があって、一度足を踏み出したら、戻って来られるかどうかもわからない。戻って来られない可能性の方が高い。世界は一瞬で反転する。私が網戸を見て感じていた恐れは、その二つの世界のドアの薄さだ。あの時、私はコニーと一緒にそのことを理解した。コニーの気持ちが手に取るようにわかった。世界が怖かった。

　だけどこの作品はただの怖い話として心の中に刻まれたわけではない。未知の世界への抗えない魅力を感じた。昔読んで心に残った作品はと聞かれた時に最初に思い出すのは、網戸から出て行ったコニーのことだ。

　そしてそれは外国から来た生徒の補習を担当していたチューターの先生の、目をきらきらというより爛々とさせた授業を受けたせいもある。わかるか、この物語の面白さ、おまえわかるか？　この作品の主題わかるか？　ほら、この素晴らしい一文に色ペンでアンダーラインを引け。今すぐ引け。あー、最高に面白いよね、うふふふふ（本当にこういうキャラだった）。あの人の補習は、いつもだいたいこんな感じで構成されていた。大人げないほど楽しげに物語について語る大人にはじめて出会った。彼女はネタバレをにくんでいた。私が自分で読む前に物語の最後を誰かに吹き込まれてこようものなら、なぜその子はラストをおまえに言ったりしたのだ、おまえはもう何も知らない状態と同じようにはこの作品を味わうことができないと深刻な顔で首を横に振られた。おまえはもう終わりだと宣告されたようだった。彼女は私にネタバレを憎む呪文をかけた。だからあのチューターの先生の名にかけて（名前忘れたけど）、私は何があってもネタバレされるわけにはいかない。今の私は昔ほど網戸そのもののことを恐れていないが、ネタバレは相変わらず恐ろしい。けれど最近のソーシャルネットワークな世の中は、このような呪いにかけられた人間には多分に生きにくくどこを避けても地雷を踏むので、結局ぐだぐだになっている。先生ごめん。

現実と非現実の境目

高校生の頃、二年間、アメリカのコロラド州にある小さな町で寮生活をしていた。小高い丘の上に立つ学校で、敷地内はウサギだらけだった。スティーヴン・キングの『シャイニング』の舞台にもなったコロラドは豪雪地帯で、冬はとにかく雪が降った。

週末になると、教師が寮生をバンに詰め込み、映画館に連れて行ってくれた。大雪などで休校になった日は娯楽室に集められ、借りてきた映画を見せられたので、アメリカの思い出というと、とにかく映画を見たという印象がある。今では日本でも一般的になったシネコンは夜でもとにかく明るく、駐車場は車でいっぱいだった。『スクリーム』『ザ・クラフト』など、ティーン向けホラー映画を、アメリカでまさにティーンの時に見ることができたのは、今でも特別な思い出だ。学校でちょうど『ロミオとジュリエット』を学んでいる時に、レオナルド・ディカプリオとクレア・デインズの映画版が公開され、テンションが上がった。映画を見ずに、先生の目を盗んでタバコを吸っていた子たちもいたけれど、私は映画の方が良かった。帰りは、

バスキンロビンズのチョコミントアイスを舐めながら、車に揺られた。

　留学生は、留学生用のクラスと一般の子たちのクラスの両方を受講しないといけなかった。一般の子たちの授業に混ざるのは結構な恐怖だった。日本でもそれなりにそうだが、アメリカでは自己主張しないと存在しないも同じだ。というわけで、基本、私は存在しない人間だった。

　それでも好きだったのは、文学のクラスだ。前述の『ロミオとジュリエット』のほか、いろいろな作品を読んだのだが、特に印象に残っているのは、『アメリカン・ショートストーリー・マスターピース』という短篇集だ。フラナリー・オコナーやレイモンド・カーヴァーなどの作品をはじめて読んだのはこの時だ。全体的に暗い作品が多く、PTAから子どもが読むには適さないのではないかという話も出たらしい。中でも、ジョイス・キャロル・オーツの「どこへ行くの、どこ行ってたの？」との出会いは衝撃的だった。十五歳の少女が誘拐されてしまう話なのだけど、少女と歳がほとんど同じであること、彼女の住んでいるようなアメリカの町並みがちょうど今目の前にあることも手伝って、とんでもない臨場感だった。両親の不在時に少女の家を訪れた誘拐犯は、網戸の向こうの彼女に向かって、こっちに出てこいと何度も誘いかける。網戸から出て行ったら最後、これまでの平凡な生活は消えてしまう。この作品を読んで以来、現実と非現実の境目は網戸一枚分ぐらいのことで、そこら中にこの網戸は存在するんじゃないかと思うようになった。今でもそう思っている。

中学校と英語のこと

中学一年生の私は、暗い子どもだった。アトピーがひどい時期が長かったので、はっきりといじめられることはそんなになかったけど、クラスの皆にどう思われているかはいろんな瞬間の扱われ方でわかっていた。そんなこともあって基本暗い気持ちで学校生活を送っていたし、中学三年生の頃になると学校を休むことも多くなった。休んだ日は家で本やマンガを読んだり、音楽を聴いたりして過ごしていた。学校は嫌いだった。本の方が好きだった。

自分が読んでいる本にはもともと日本語で書かれた本と、はじめは外国の言葉で書かれていて後で日本語に翻訳された本があると気づいたのはいつだろう。はっきり覚えていないけど、書かれている世界が、時代も文化も生活習慣も自分が普段生活している世界と全然違うことから、自然に気づいていったように思う。その頃の私は、外国の児童文学に夢中だった。『長靴下のピッピ』『やかまし村の子どもたち』などのシリーズを書いたリンドグレーンや、『小さい魔女』や『大どろぼうホッツェンプロッツ』などのシリーズを書いたプロイスラーが大好きだ

った。『若草物語』は、本が好きでやんちゃなジョーが、一番好きだった。今私は小説を書いて暮らしているけど、ジョーも自分が書いた小説を売ってお金を稼いでいたから、自分もジョーと同じことをしていると気づいた時は、すごくうれしくなった。

児童文学に出てくる、日本ではあまり耳慣れない食べ物もとても魅力的だった。ブライトンの『おちゃめなふたご』のシリーズは、寮の女の子たちが食べ物や飲み物を持ち寄って、真夜中にこっそりパーティーをしたりする。うらやましくて仕方なかった。スピリの『ハイジ』に出てくるチーズと白パンに憧れていて、当時の私は、給食のコッペパンはまず外側の茶色い部分を食べて、残りの中の部分を「白パン」として食べていた。大人になった今でもパン屋さんで白パンが売られていると、『ハイジ』のパンだと反射的に買ってしまう。児童文学って、「児童」という言葉がついているけど、いくつになって読んでも、本当に面白い。私は今も読んでいる。

私が小さな頃は、外国の本を手軽に買うことができるネットの通販がなかった。でも親戚がアメリカに住んでいたので、洋書の絵本や外国のおもちゃをお土産《みやげ》でもらうことがあった。お風呂に入れると恐竜のかたちに膨らむカプセルとかパディントンのぬいぐるみとか。かわいい絵の描かれた絵本とか。読んでいた海外の児童文学とそういったお土産のおかげで、英語への興味が生まれたのは早かった気がする。小学生の頃から、駅前のビルでやっている英語の教室に通っていた。アルファベットのカードでゲームをしたり、英語の歌を歌ったりするだけだったけど、楽しく通っていた。

だから、中学校に入学して、英語の授業がはじまった時、なんだか不思議な気持ちになった。これまで自分が知っていた英語とはどうも様子が違うのだ。なんというか、退屈だった。

まずはアルファベットの練習から単語の練習に入り、簡単な単語を習得したら、すぐに文法の勉強がはじまった。すべてが教科書通りに進んでいくのだけど、この教科書に出てくる、その時やっている文法を学ぶためのショートストーリー的なものがすごく説明的で、登場人物たちも普通の会話だったら絶対言わないような説明的なことしか言わないし、訳していても面白くなかった。そりゃ文法を学ぶためだというのはわかったけど、にしても退屈だった。

それでも、中学生の頃の私は、その教科書のおかげで、それなりに英語の力がついた。二年か三年の時に、マコーレー・カルキンが出ていた『マイ・ガール』という映画の小説をなんとなく洋書で読んでみたのだが、普通に最後まで読むことができたので自分で自分に驚いた。今だとヤングアダルト小説に分類されるような、十代の子どもが読むように書かれていたもので、ほとんど辞書を使う必要もなかった。だから、もしあなたが英語の教科書が面白くないと感じているなら、何か簡単そうな英語の児童書とか、自分と同じ年頃の子が読む小説の洋書を、試しに読んでみたらいいと思う。意外と読むことができて驚くはずだ。

英語を学ぶ上で大切なのは、英語の授業の外に、英語の教科書の外に、本当の英語はあると、なんとなくわかっておくことではないかと思っている。大人になってたまに不思議になるのは、周りの大人たちが、「私は英語は駄目だから」「英語は読めないから」と簡単に口にすることだ。でもその人たちは、今の皆と同じように中学校で英語を勉強して、その後高校でも英語を勉強した人たちだ。中学生の私が『マイ・ガール』を読むことができたように、その人たちもやろうと思えば、それなりに読むことができるはずだ。でも、やらないし、できると思っていない。英語の授業が、教科書が退屈だったから、もう英語とは関わりたくないと思っているのか。英語の成績があまり良くなかったから、自分は英語が苦手だと思い込んでいるのか。ただただ面倒くさいのか。そこのところはそれぞれ違うと思うけど、ちょっともったいないような気がする。

テストの点数が良いことは確かに大事だけど、長い目で見た時に、英語は学校を卒業後も上達する機会がいくらでもあるし、今なんとなく学んでいることが、思っていた以上に身についていることが後になってわかることもある。それに、ほかの教科もそうだけど、実際の英語は教科書の外にある。だから、今あんまり点数が良くなくても、自分は英語が苦手なんだと思わずに、気楽にしていて欲しい。学校で学んだ英語の知識を自分の好みに合わせて、利用してやる、使ってやるという、態度のでかい気持ちでいいんじゃないかとも思う。

はじめに書いた通り、私は性格が暗かったので、英語を話すのはとても苦手だった。日本語で周りの人と話すことも苦手なのに、英語で話せるわけがない。高校生の時に、アメリカに二年間留学していたのだけど、その時もとにかく話すのが苦痛で仕方なかった。しかも、自己主張をはっきりするアメリカでは、黙っているとその場に存在しないことになってしまうので大変だった。でも読むのは好きだったし、留学中は、文学の授業で、J・D・サリンジャーの『キャッチャー・イン・ザ・ライ』とかゾラ・ニール・ハーストンの『彼らの目は神を見ていた』とか、いろんな小説をたくさん読めたので、それは良かった。

読むことと話すこと、両方ともできないと、英語ができないような気持ちになるかもしれないけど、自分の性格に合った、得意な使い方をそれぞれが最終的にできるようになったら楽しいはずだ。

英語で話すのが得意な子はどんどん話していろんな人と友だちになればいいし、読んだり書いたりするのが得意な子はそれを目一杯楽しんで欲しい。英語の音楽を聴くのが好きな子もいるだろうし、映画が好きな子は吹き替えじゃなくて字幕で見てみると、実際の英語だと何て言っているのかわかるし、日本語の字幕と比較もできて面白いかも。今はネットもあるから英語の世界は昔よりも身近だし、自分の好みに合わせて、世界をどんどん広げていくことができる。

何か一つでもできないことがあると、できない子にされてしまうことがたまにあるけど、そんなことはあんまり気にしないで欲しい。大人になったら、一つだけ飛び抜けてできることがすごく役に立つことの方が多いし、苦手だったことは別にたいして問題じゃなくなる。でも、中学生の頃の私は、もちろんそう思えなかった。英語を話すのが苦手なことをものすごくコンプレックスに感じたし、テストの点が悪ければ落ち込んだ。でも、今考えると、いろいろ気にしなくて良かったたな、という感じだ。だから皆さんには、英語を気楽に、好きなかたちで楽しんで欲しいと心から思っている。

給食のおばちゃんありがとう

アレルギー体質で、特に小さな頃はアトピーがひどかった。自分の身体はほとんど常に、白いかさかさに覆われていて、悪くなると赤く膿む。大人も子どもも、私を見ると、どう反応していいか困った顔になった。そういうこともあって、私は、自分の身体を、自分の身体が周囲の子どもたちと違うことを、意識せずに過ごせたことがない。自分の肌に触れたくなかった。鏡で見たくなかった。この身体を脱ぎ捨てたいと、いつも思っていた。高校生の時に見た『ザ・クラフト』というアメリカ映画に、身体にアザがあるせいで暗く過ごしている高校生の女の子が出てきた。黒魔術が使えるようになった時、彼女が願うのは自分の肌を治してほしいというその一点のみ。人生で一番共感した映画の登場人物は彼女だ（次点：『アダムス・ファミリー』のウェンズデー）。

ある日、皮膚科で血液検査を受けたところ、ハウスダストのほか、以下の食物にアレルギー反応が出た。米、小麦、卵、肉、魚、砂糖、牛乳。これらの食物は私の身体には毒で、食べる

とアトピーが出てしまう。チョコレートなど、子どもが大好きなお菓子の類も一切駄目。じゃあ何を食べて生きていけばいいんだ、とツッコミたくなるほどの結果だ。医者のすすめで、私は上記の食べ物を一切絶つ食餌療法をすることになった。

この食べ物は良くて、この食べ物は駄目という、ある意味実験のようなあの頃の日々を、時々断片的に思い出す。米と小麦は駄目だけど、あわやひえなら大丈夫とか（小鳥のエサ食べてんのかと言われていた）、魚なら全部駄目というわけではなくて太刀魚なら良し、とかいろいろ不思議な法則があった。肉も、カエルとウサギなら問題なし。たまにテレビ番組で、ほかの国の料理でカエルが出てきたりすると、「ギャー!!」みたいな流れがあるが、私は小中学生の頃、日常的にカエルを食べていた。

最も印象深いのは、学校の給食のことだ。もちろん給食もアウトで、私だけ母が作ってくれたお弁当を持参していたのだが、その話を聞いた給食のおばちゃん達が、一人分くらいなら別に作れると請け合ってくれたのだ。おばちゃん達の手間が増えることになるのに。それからの私は、特別な給食を、給食係と一緒に毎日給食室まで取りに行った。給食のおばちゃん達は、皆が食べている普通のメニューを、私のアレルギー反応が出ないようアレンジしてくれた。

ある時、給食に「カツレツ」が出た。皆の分は、豚肉を油で揚げたオーソドックスなものだったけど、私は一般的な油も駄目だったので、考えたおばちゃん達は、普通に豚肉を焼いて、塩こしょうで味付けした。私に給食のトレイを手渡す時、一人のおばちゃんが言った。「今日のは、（油でぎとぎとしたのより）こっちの方がおいしいかもしれんわ」と。淡白な豚肉のソテーの味と一緒に思い出すのは、あの時のおばちゃんの一言だ。普通の方がおいしいとは、良いとは限らないと教えてくれた、はじめての人だからだ。できることなら、あの時の給食のおばちゃん達に、本当にありがとうございましたと言いたい。

二〇一〇年一二月の読書日記

①『昔日の客』関口良雄（夏葉社）②『ハルムスの世界』ダニイル・ハルムス／増本浩子、ヴァレリー・グレチュコ＝訳（ヴィレッジブックス）③『カーデュラ探偵社』ジャック・リッチー／駒月雅子他＝訳（河出書房新社）

某月某日、『昔日の客』を読む。もし自分が古本屋を営んでいたとして、そこに客として三島由紀夫がやって来ることを想像できるだろうか。私はできない。でもそういう時代があった。そういう店があった。『昔日の客』は、山王書房という古本屋の主人である関口良雄の随筆集だ。ページを開くと、古本屋を訪れる客や文人たちとのエピソード、身辺のことが綴られている。

読みはじめてすぐ、私は関口良雄という人のファンになった。おこづかいが足りないのか、こそこそノートに三好達治の詩集を写そうとした二人の女学生を叱らず、それぞれの好きな詩を二、三篇書いて渡してやる。秋には落葉を拾うため、連日ビニール袋を持って外をうろつき、職業を問われると、「ハイ、私は落葉屋でございます」と答える。またほかの随筆の中で、本を買い取りに行った尾崎一雄宅の本棚の匂いをかぎ、「落葉の匂いと古本の匂いとは相かようものがあると思うがどうだろうか」とふと思う関口の語り口も、かさかさと音をたてる落葉のようにユーモラスで、とってもいい乾きぶりだ。この声に語られると、本当にいた人たちなんだなあと、なぜかすとんと胸に落ちる。署名をお願いした古本の美本ぶりを関口が讃えたら、「きれいでも、汚くても構わない」と言った正宗白鳥。古本をさわり、手が汚れたでしょうと心配した関口に、「冗談じゃないよ君、古本のほこりはきれいだよ」と笑いながら言った尾崎士郎。山王書房はもうなくとも、この本が、私と山王書房があった時代をつないでくれる。ご子息によるあとがきの、「この一冊が『山王書房』でございます」という言葉に、ページを開いた瞬間から、私も『昔日の客』であったのだと気づき、うれしく思った。

某月某日、ロシアの作家ダニイル・ハルムスの短篇集『ハルムスの世界』を読む。彼の作品はペレストロイカで再び世に出るまで長い間発禁とされ、ハルムス自身も逮捕され、刑務所の病院でその短い人生を終えた。一つの物語はだいたい一ページから三ページで、あっという間に終わってしまう。ゴーゴリとプーシキンがお互いの足に繰り返しつまずき合って、子どもみたいに悪態をつき合う話。登場する人が皆バカバカしい理由で次々に死んでしまう話。変なズボンしか買えなかった話。どれも展開が暴力的で、本当に面白い。

短い物語の中で、登場人物はほとんど全員名前を与えられている。たった一行登場するだけの人でもしっかりと名前を持って登場し、消えていく。読んでいる途中から、ニコライ・イヴァノヴィチ・ストゥーピンにニコライ・イヴァノヴィチ・セルプホフなど、名前の響きだけで面白くなってくる。けれど時代背景を考えた時、一つ一つの物語は、急に真実味を持って迫ってくる。ハルムスの描きだした世界が、当時は不条理でもなんでもなく、現実だったのだ。理不尽な理由で多くの人が迫害され行方不明になり、そして殺された。彼らはちゃんと一人一人名前がある人間だったのに。もしかしたらハルムスは、そのことを刻むため、執拗に登場人物を名付け続けたのかもしれない。「机の引出しのために」書いた時期の方が長かったハルムスが投獄された後、友人は危険を冒して彼の原稿を国外へ逃がした。そのおかげで私たちは今日ハルムスの作品を読むことができる。『昔日の客』の夏葉社が最初に刊行した『レンブラントの帽子』収録の、「引き出しの中の人間」を思い出した。マラマッドのこの短篇は、旅行先のロシアで偶然乗ったタクシーの運転手に原稿を持ち出して出版してくれと頼まれた男が、身の危険を感じてなんとか断ろうとする物語だ。

また、「monkeybusiness vol.11　幽霊、影、分身号」に掲載されている、『ハルムスの世界』の翻訳者である増本浩子、ヴァレリー・グレチュコ夫妻のインタビューを読んだら、翻訳方法がすごかった。まずヴァレリーさんがロシア語の原著を読み、増本さんに口頭で伝える。その時の言語は、二十年間一緒に暮らすうちにできあがったドイツ語ベースで二人の間にしか通じない言葉。しかも「意味だけが飛んでくる」。増本さんはそれを日本語に置き換えていく。なんてこの本にぴったりな、唯一無二で独創的な翻訳方法だろう。

某月某日、最近むしろ規則正しいほどの昼夜逆転ぶり。まるで『カーデュラ探偵社』の営業時間のようだ。これは落ちぶれて金に困ったドラキュラ伯爵が探偵になって活躍する連作短篇集だ。殺人を犯すまでに追いつめられた依頼人の代わりに、悪党の首を軽々とへし折ってやる。現場には空を飛んで急行。取引の時間を昼間に指定された時は、重度の日光恐怖症だからと言って夜に設定し直す。人間世界の勧善懲悪なんてどこ吹く風の捜査と解決方法に、あ、ずるい、と笑ってしまう。

私が原稿を書いている今、どこかで伯爵も事件を解決していると思うとどきどきする。伯爵が朝日の昇る前に必ず事件を解決し、何があろうと寝床に帰るように私も仕事を終えたいが、人間である私は残業可なのが残念だ。

二〇一一年一月の読書日記

①『話の終わり』リディア・デイヴィス／岸本佐知子＝訳（作品社）②『深沢七郎コレクション　流』戌井昭人＝編（筑摩書房）③『生きているのはひまつぶし』深沢七郎（光文社）

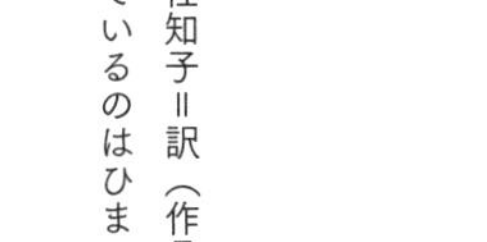

レイモンド・カーヴァーの妻であったテス・ギャラガーによる短篇集『ふくろう女の美容室』に、「キャンプファイヤーに降る雨」という作品がある。ある夫婦のもとに妻の昔からの友人である盲人の男が訪ねてくるという、カーヴァーの「大聖堂」とほとんど同じ設定で、この夫婦による二つの作品でモデルとなった盲人の男性は実在していたらしい。「ミスターGが、継ぎはぎだらけにしてしまった物語を、私は今からきちんと元通りにしてお話ししたいと思う」という一文ではじまるとおり、「キャンプファイヤーに降る雨」の語り手は、カーヴァーがモデルと思われる作家のミスターGが書いた物語を、あれは本当はこうだった、と語り直す。私の方が長い間友達だったのに、ほんの何日間か一緒に過ごしただけで、なに横取りしてくれとんねん、とカーヴァーにけんかを売っているようにも思える作品だ。特にミスターGの小説について、「虚実がまだら模様に織り込まれたマーブルケーキみたいな小説なんて」と書かれてある一文には震え上がった。

某月某日、『話の終わり』を読む。同じ著者と翻訳者による短篇集『ほとんど記憶のない女』を読んですっかりファンになっていたので、新刊が出てとてもうれしい。『話の終わり』は「書くこと」についての物語だ。ある女性作家（リディア・デイヴィスと同じく翻訳家でもある）が一回り年下の青年との恋愛の顚末を、小説として再構築しようとする。彼を失った作家には「書くこと」が残った。だから彼女は書く。その恋愛自体はまったくもって平凡なもので、正直、青年もさして素敵な人物に思えないが、作家は苦しむ。彼を忘れようとすること、小説を書こうとすること。二つのあがきが重なって語られる。人称をどうするか。どの思い出が鮮明でどの記憶があいまいになってしまったか。何を残して、何を削るか。彼女は書く過程をこちらにつまびらかにさらけ出す。これから起こる可能性のある出来事さえ小説に使えるかもしれないと考える、エゴイスティックでずるい自分の姿を認める。

推敲を重ねるたび、一つの物語は何度も語り直される。あの、もういいんじゃないですか、腱鞘炎になりますよ、と医者でもないのにドクターストップをかけたくなるくらい、作家はマーブルケーキのたねが入ったボウルをぐるぐるかき混ぜる。その姿の孤独、静かな気迫に圧倒される。混ぜてゆくうち、マーブル模様は生地に溶け込み、消えてなくなる。そして作家は「話の終わり」と「恋愛の終わり」をどこに見つけたのか。これほどしっかり下ごしらえされたケーキがまずいわけないだろう。とってもおいしかった。

某月某日、戌井昭人編『深沢七郎コレクション　流』を読む。『楢山節考』を読んで以来深沢七郎がとても好きなのだが、では深沢作品をたくさん読んでいるかというと、まったくそういうわけでもない。手頃な値段ですぐ手に入る本がほとんどないからだ（＊当時）。古本屋で見つけても結構な値段が付いている。そんな状況の中の文庫発売だ。しかも続刊として『深沢七郎コレクション　転』もある。どうもありがとう〜！　と空に向かってやみくもに手を振りたいくらいうれしい。「東北の神武《ずんむ》たち」は、長男しか結婚することを許されていない村で、夫の遺言で村の次男以下全員と寝ろと言われ実行する女と浮かれる弟たちの話（『楢山節考』の映画に組み込まれていて、見た時びっくり仰天した）。「揺れる家」は、貧しい家族が小さい舟で寝泊まりしているのだが、祖父と母親ができていて、父親を邪魔者扱いする様を見つめる息子の姿が描かれる。あらすじだけ聞くと陰惨な物語のようだが、思わず笑ってしまうところも多々ある。それは多分、男も女も、深沢作品の登場人物は、どんな境遇も状況も受け入れるという態度が共通しているからだと思う。それに彼らは人の良さを失わない。何があっても。そこに惚れる。

続いて、深沢の未発表作品集『生きているのはひまつぶし』を読む。収められているのは、エッセイのほか、彼の語りを文字におこしてまとめたもの。三島由紀夫が自殺した時に、三島の奥さんの気持ちを考えて発言をした女性作家が一人もいなかった、と深沢は言う。「死ぬことがあるから人生は美しい」「人が死ぬのはよいこと、おめでたいこと」だって言う。その時はじめて、自分の心がそういう言葉を必要としていたことに私は気づかされる。今まで誰も言ってくれなかったことをさくっと言ってのけるのが深沢七郎で、そういう所に私はきゅんとする。

二〇一一年二月の読書日記

①『断髪のモダンガール』森まゆみ（文藝春秋）②『どろんころんど』北野勇作（河出書房新社）③『宇宙飛行士オモン・ラー』ヴィクトル・ペレーヴィン／尾山慎二＝訳（群像社）

一九九三年、槇原敬之が「髪を切る日」という、失恋して髪を切る男の歌を作った。鏡の前に座った男は、「短く切って下さい　彼女が嫌いだったスタイルに」と美容師にオーダーする。九四年、広瀬香美は「ドラマティックに恋して」の中で、「髪を切れば『失恋したの？　相手誰？』いまどきそんな女はいない　男はみんな保守的ね」と歌った。どちらも女は失恋すると髪を切るというよくわからない固定観念（？）を逆手にとり、革新的だった。九五年、ドリカム「サンキュ．」の歌詞には「〝ちょっとカッコ悪いけど　髪切るならつきあうよ〟なんて笑っちゃったじゃない」とあり、ここではもはや失恋した友達をなぐさめるジョークとして機能している。その通りの世の中であったかどうかは別の話だ。彼らは皆、新しい時代への「背伸び」を歌っていた。それは田舎の中学生だった私にもちゃんと届いた。

某月某日、『断髪のモダンガール　42人の大正快女伝』を読む。「新しい女」として、または「新しい女」にあこがれて、それぞれ大正の時代を生きた四十二人の女たちの生涯が語られる。

彼女たちの生き方を象徴したのが「断髪」だった。一人目のモダンガールとして語られる新聞記者をしていた望月百合子は、友人のささきふさと、「いっそ断髪洋装にしない」と銀座の千疋屋でお茶をしながら決める。お茶しながらというと、まるで気楽なことのように思うが、当時「断髪」は「取り返しのつかぬ事」であり、結婚など因習に縛られた女性の生き方を捨てるという決意表明だった。交友関係にある女たちも多く、特に平塚らいてうが創刊した「青鞜」を中心に、彼女たちは集い新しい時代を夢見た。

けれど理想と現実は違う。歌人である三ヶ島葭子は、「新しき女ぞ夢の女ぞと　いつの日待ちて我をとなへん」と歌ったが、旦那の世話で思うように執筆の時間がとれない。湯浅芳子や吉屋信子など、「女を下に見る男との関係を求めぬ」女たちは、「女同士愛しあった」。芥川龍之介の妻であった芥川文の人生が胸に迫る。浮気を繰り返し、お金は自分で使ってしまう夫に「一緒に死んでくれないか」と頼まれた時、「私には三人の子がいます」と彼女は答えた。妻のその言葉を聞いてなお、夫は自死を選ぶ。それでも晩年、彼女は夫との幸せな思い出と生きた。

また、登場する男と女の多くが、自分の恋愛経験をすぐに相手が誰かわかるような書き方で小説や随筆として発表している。伊藤野枝は、会ったこともないのに伊藤の文章を読んで求愛してきた木村荘太にほだされ、何回か手紙のやりとりをする。結局それだけで関係は終わるのだが、二人は事の経緯を雑誌に発表し合う。しょうもないな、と思うが、当時の読者は、そのやりとりを読んで、新しい時代の到来を感じていたのだと考えれば納得もいく。著者が指摘しているように、登場する女たちの中には、思想に統一感がなく、ころころ生き方が変わった者も少なくない。それでも新しい世界の扉をこじ開けようと精一杯「背伸び」をした彼女たちのことを、等しくかっこいいと思う。

某月某日、『どろんころんど』を読む。少女の姿をしたセル・アンドロイドのアリスは、人類が滅亡し、どろんこと化した世界を旅する。案内役は泥人形のようなヒトデナシ。もうヒトはいないのだから、大手を振って自分たちの好きなようにすればいいのに、アリスもヒトデナシもそうしない。アリスはヒトと同じように、学習し、思うことができるのに、私の「考える」や「思う」は本当にヒトと同じだろうかと自信がない。ヒトデナシは、ヒトの真似をして「うまい」と言ってごはんを食べながら、実は「うまい」がわからないと打ち明ける。いじらしすぎる。ヒトだって自信を喪失したり、自分が思っていることは他人と同じだろうかと悩んだりする生き物であったことを知ったら、彼らはどう思うだろう。鈴木志保の挿絵が物語のイメージをそのまま再現していて、ページをめくるたびうれしくなる。

某月某日、ロシアの作家ヴィクトル・ペレーヴィンの『宇宙飛行士オモン・ラー』を読む。オモンはソヴィエトの航空学校に入学、小さな頃からの夢だった宇宙飛行士になる。だけど夢は夢でも、それは悪夢だった。搭乗するルノホートと呼ばれる月面走行車は「洗濯カゴを彷彿させるような代物」で、宇宙服には「小鴨の絵付きのネル毛布」の継ぎがあたっている。頭の中の無意識の世界まで「祖国の忠実なハヤブサ」であることを求められる。

せっかく宇宙空間に出ても窓の外は暗闇で、「地球は青かった」と言うこともできない。言っても誰も聞いてくれない。いいこと何にもない。さらに最悪なことに、宇宙から生還しても悪夢は終わらない。

けれど読んでいるうちに、こっちの世界の方が本当なんではないかと思いはじめる。だってぴかぴかのロケットも栄光も、なんだかとても嘘くさい。オモンのいる世界の方が、もっとずっと知っている世界のような気がするのだ。なぜなら現実は時に醒めない悪夢だからだ。しょぼいくせにひどいことだらけだし。それでも狭いルノホートのなか、ピンク・フロイドのアルバムについて仲間と話す瞬間や、幼少時代自転車に乗り「お気に入りのセカンドギア」で坂道を下った日の思い出が、悪夢の中だからこそ、余計に光って見える。

二〇一四年一月の読書日記

①『秘密』ケイト・モートン／青木純子＝訳（東京創元社）②『奥さまは愛国』北原みのり・朴順梨（河出書房新社）③『地図と領土』ミシェル・ウエルベック／野崎歓＝訳（筑摩書房）

一月一日。年賀状とともに、『秘密』をポストに発見し、震える。ポストの中で、小包が光り輝いていた。あまりにもうれしい一年のはじまり。それぞれピンクと水色の上下巻の装丁も素敵で、とにかくまず本棚に飾る。そして崇《あが》める。

自分の人生の轍は踏ませまいと母は娘の人生に口を出し、娘はその若さゆえ耳をかさず、結局同じ轍を踏む。このミステリー小説は、誰もが知っている、全世界共通と言ってもいい母娘の確執を最大限利用して、一人の女性が生きてきた人生の凄みを浮かび上がらせる。物語終盤、あるキャラクターがまだ生きているかもしれないと気づいた時に感じた喜びは忘れられない。

ドロシーとヴィヴィアンという二人の若い女性は、世の中が自分の思い通りにいかなかった時（その中には戦争も含まれる）に、「自分の人生は頭のなかで繰り広げていくしかないのだ」と思い、「空想を自己防衛機能として利用」して生き抜こうとする。ただ、その能力の使い方が真逆だった。向こう岸まで泳ぎついたのは一体誰なのか。面白すぎて、読み終わった後、私の中の私が一人、「『秘密』最高!!」とダイイングメッセージを残して死んだ。

『(500)日のサマー』(サブカル男子が、文化的な趣味の合う女の子に出会い、散々相手を理想化して恋に落ちたはいいが、最後身もふたもなくフラれる映画)の話をある女友達とした時に、彼女は「私、あの映画嫌い。男の人がかわいそうだよね?」と言った。「男の人がかわいそう」という観点がそもそも自分には欠如していたこともあるのだが、私はその映画を見てそんなこと少しも思わなかった。フラれたおかげで、建築家になる夢に再挑戦する気になって、むしろ良かったじゃねえか、とさえ思っていた。その時、どうしてだか言葉を失い、うまく返答することができない自分がいた。

『奥さまは愛国』を読んで、彼女の一言を思い出した。愛国活動に傾倒する「普通」の女性や主婦たちが増えているという話をはじめて聞いた時、まったく理解できないと思った。そんな人自分の周りにはいないと、これは特殊な状況なのだと。けれどこの本を読んで、学校や職場や様々な場所で、私はこれまで彼女たちに会っていたのだということに気づかされた。そこに「国」「日の丸」が加わることで、一気に物ものしい感じがするが、確かに彼女たちは、「普通」の女性たちだ。男性の言動には、はいはい、知ってる知ってる、その感じ知ってると、もういちいちがっかりしたりしないのだが、ふいに女性から発せられる、「男の人がかわいそう」というような一言だったり、それどころか女の人を馬鹿にするような言葉には、いつまでも慣れることができないのはどうしてなんだろう。

「レイプしていないのにレイプしたと言われて泣くおじいさんがいて、レイプをされたと泣いているおばあさんがいる」のなら、私はおじいさんの側に立つとまっすぐな目で言う女性や、「男の人を支えてお守りします」とやさしく微笑み街頭で演説する女性を前に、言葉を失う著者の姿が、自分の姿のように思えた。


昨年末に、我が家の猫が体調を崩し自宅療養が必要になったことと、迫り来る締め切りにより、完全に非常事態に突入してしまい、この三ヵ月の間仕事等よっぽどのことがない限り外出せずに過ごしていた。普段からたいして外に出ないので、生活的にはたいした違いはなかったが、楽しみにしていた映画も展示ものすごいスピードで過ぎ去ってゆく。光陰《こういん》矢の如《ごと》し、を痛感した。そんななか、『地図と領土』を読んだら、大層慰められた。

物に溢れ、流行《はやり》も人間関係も刻々と移ろってゆく現代社会の中で、一世を風靡《ふうび》した孤独な芸術家ジェド・マルタンの一生が描かれる本作は、ジェドが制作中である絵画「ダミアン・ハーストとジェフ・クーンズ、アート市場を分けあう」の描写からはじまる。働く人々を描いた「職業」シリーズや、ミシュラン社の地図を撮影したシリーズ等、ジェドは絵画、写真、映像と人生の時期によって表現形態を変えていくのだが、細かく描写されるこの作品群が、本当に素晴らしいのだ。ジェドが人生最後の何十年をかけてつくった作品である、工業製品や彼が人生で出会った人々の写真が、繁茂する植物の中に沈んでいく映像の美しさと無常に胸を打たれる。もしジェドの作品が現実にあったとしたら、物語の通りに話題となり、自分もものすごく好きに違いない。今ではもうジェドの作品を実際にギャラリーで見た気でさえいる。

アーティストやタレントたちがたくさん実名で登場するこの小説には、ミシェル・ウエルベックその人も大きな役割を担って登場するのだが、第三部からとんでもないことになる。自分をこんなひどい目に遭《あ》わせる人をはじめて見た。尊敬する。

残された時間は「悲劇」じゃない

『きっと、星のせいじゃない。』監督＝ジョシュ・ブーン

この映画の原作を去年はじめて読んだ時、奇跡だと思った。「不治の病にかかった少年少女の感動的なラブストーリー」だなんて聞いたら、安易に感動させるために「難病」を利用した作品をまず頭に浮かべてしまうけど、これは全然そうじゃない。むしろ、なんでも「きれい事」にまとめてしまおうとする世界に立ち向かい、笑い飛ばしているような作品なのだ。主人公のヘイゼルとオーガスタスは毒っ気のあるジョークが得意。何があっても、「悲劇」にされることを拒否してみせる。この作品が英米で社会現象になるほど大ヒットしたという事実が、なんだか無性に誇らしかった。映画版も全米公開時にトム・クルーズの主演作を押しのけ、初登場第一位。日本での公開が楽しみで仕方なかった。

末期のガン患者であるヘイゼルは、常に酸素ボンベと行動をともにしている。だから、ヘイゼル役のシャイリーン・ウッドリーはある一瞬を除き、どんな時も鼻にチューブを装着している。階段を上り下りしただけでも肺が悲鳴を上げてしまう彼女は、自分が死んだ後に家族や周

りの人たちが傷つくのを恐れ、できるだけ静かに死を迎えようとしていた。そんなヘイゼルの日々は、人生を楽しむことを恐れないオーガスタス（アンセル・エルゴート）に出会い、輝き出す。

まず、主演の二人がとにかくキュートで、それだけで涙が出てきてしまう。冗談を言う時の茶目っ気たっぷりの表情など、くるくると動くシャイリーンの表情としぐさは本当にチャーミングだし、この世界で一番クールな女の子は君だよと、出会いの瞬間から終わりまで、シャイリーンを見つめるアンセルの目はずっと言い続ける。そのアンセルからとまどったように目を逸らすシャイリーンのかわいさったらない。

二人をサポートする大人たちの態度も素晴らしい。ローラ・ダーン演じるヘイゼルの母親が、アムステルダムで娘にドレスをプレゼントし、男の子との二人きりのディナーに笑顔で送り出す姿は本当に素敵だ。この旅行は一生に一度の機会だとまだ若い二人がはっきりと理解しているため、どのシーンも花火のように美しく、切ない。『アンネの日記』のアンネの隠れ家を見学する時に、ヘイゼルが最上階まで到達することの大変さが丁寧に描かれていて、とても良かった。残された時間をユーモアとお互いへの気持ちでカラフルに彩ろうとする二人がいとおしくてたまらない。

完璧な寮生活

『汚れなき情事』監督・脚本＝ジョーダン・スコット

小さな頃、『おちゃめなふたご』など、イギリスの寮生活を描いた児童文学が好きだった。規律だらけの暮らしの中で、家族から届く小包に胸を躍らせ、秘密の真夜中のパーティーで精一杯はしゃぐ少女たちの姿に夢中になった。下級生がバターを塗ってくれるトースト、皆で分け合うお菓子など、出てくる食べ物にもいちいち憧れた。人にはそれぞれ無条件に好きなジャンルがあると思うが、私のそれは「寮生活モノ」だ。中でも、うっとりするような、完璧なクオリティでその世界が再現されているのが、『汚れなき情事』だ。

ジャンパースカートに白いシャツの制服に、紺色のリボンを腰に巻いた聖マチルダ学園の少女たちの中で、あるグループだけは鮮やかな赤いリボンを腰に巻いている。赤い口紅を引き、華やかな服に身を包んだ女教師ミス・G（エヴァ・グリーン）が率いる一団だ（『ミス・ブロディの青春』を彷彿とさせる）。小生意気な女の子をやらせたら天下一品のジュノー・テンプルに、ジュード・ロウに激似の美少女イモージェン・プーツのほか、丸めがねの子や最年少のボブヘアーの子など、すばらしい品揃えです。制服はもちろんのこと、お揃いのチェック柄のナイトガウンや日曜日の私服のワンピースなど、衣裳も小道具もすべてが夢みたいにかわいくて、どのシーンもヘブン状態。物語の肝となる、小机に私物を五つまでしか載せてはいけないルールも、「寮生活モノ」好きとしては、非常にぐっとくる。真夜中のスウィミングや仮装パーティー、共同洗面所で貸してもらう香水や教会で歌う賛美歌など、この映画には私の寮生活への憧れがすべて詰まっている。

ただ、この作品がほかと一線を画しているのは、寮生活が生んだ「怪物」を描いたところだろう。少女たちが崇拝しているミス・Gは、自らが世界中を旅した際の土産話を繰り返し、「不可能なことなんて何もない」「世界は開かれているの」と、未来に羽ばたけと少女たちに情熱を持って語りかけるのだが……。早い段階で明かされる彼女の真実を知ると、エヴァ・グリーンの大袈裟な身ぶりが急に説得力を持ち始める。彼女は、学園の中、生徒たちの前でしか理想の自分を演じることができない哀しきモンスターだったのだ。

均衡を保っていた少女たちと女教師の関係は、スペインからの転校生フィアマが現れたことで、狂っていく。少女たち、そして少女のまま大人になった一人の女に訪れる残酷な「通過儀礼」。罪と向き合う覚悟ができた時、少女は大人になるのだ。

「ｙｏｕｒ」が「ｍｙ」に変わる瞬間

『パレードへようこそ』監督＝マシュー・ウォーチャス

サッチャー政権下の一九八四年、炭坑の町でバレエダンサーに憧れる少年の姿を描いた『リトル・ダンサー』のミュージカル版『ビリー・エリオット　ミュージカルライブ』は、日本でも大好評でロングラン上映となった（大好きなんだ！）。その中で、炭坑労働者たちが「団結しよう！」と高らかに歌い上げる姿に感動した人も多いだろう。しかし、その時代、団結が必要なのは、炭坑だけではなかった。同じくサッチャーに弾圧されていたゲイとレズビアンたちは、「炭坑夫は僕らと同じだ」とＬＧＳＭ（炭坑夫支援レズビアン＆ゲイの会）を結成、募金活動をはじめるが、炭坑の町の人々は、最初は彼らに冷ややかな目を向ける。イギリスといえば、水と油だった男女が恋に落ちるジェーン・オースティンの『高慢と偏見』が何度も映像化されているが、『パレードへようこそ』では、両極端の二つの団体が出会い、友情を築いていく。その過程はロマンティックコメディそのもので、心の底から笑って、泣ける。はじめてＬＧＳＭの若者たちが現れた際には、あんたの（ｙｏｕｒ）ゲイたちが到着したわよ、と責任者

のダイに向かって他人事のように言っていた白髪のおばあちゃんが、最後には、わたしの（ｍｙ）レズビアンたちはどこ？　とミニバスから出てくる。この場面は、私の今年のベストシーンの一つに決定だ。

バレエなんて女のするもんだ、と『リトル・ダンサー』のビリーは炭坑で働く兄と父に猛反対されたが、本作でも、炭坑の町で行なわれた歓迎会の最中、踊っているのは町の女たちだけ。「ここの男は踊らないのよ」と言われたゲイのジョナサンは、俺がお前たちにダンスを伝来してやるとばかりに踊ってみせる。驚喜する女たちの姿を見て、ダンスを教えてくれと町の若者たちは頼み込む。

ＬＧＢＴの権利を訴える若者たちの活動と、炭坑閉鎖に抗議する炭坑組合のストライキ。社会派ドラマとしていくらでも堅くできそうな題材が、リズミカルに、ユーモア満点で描き出される。ジョナサンに「大学へ行くべきだ」とアドバイスされ、人生が変わる町の主婦や、ＬＧＢＴの若者たちの堂々とした姿を見て、長年隠してきた秘密を口に出す勇気ができた炭坑労働者。ゲイであることで家を追い出されたウェールズ出身のゲシンは、炭坑の人々の温かさに触れ、もう一度家に帰る決心をする。脚本もキャストも本当に素晴らしい。奇妙な出会いが、お互いをサポートするために駆けつけ合う、最高に幸せなラブストーリーに。できすぎな夢物語のようなラストが実話だという、驚きと喜びを噛みしめたい。

「小さな怪物」をつくった社会で

『私の少女』監督・脚本＝チョン・ジュリ

私たちは少女が消費される社会に生きている。例えば、大量のアイドルたちが次々と登場し、従順な笑顔を振りまく。か弱く、非力で、大人たちに翻弄される少女たち。愛されるために精一杯媚びる少女たち。時々、見ていることがつらくなる。

これは私の苦手な少女だと、『私の少女』を見ていて思った。都会から左遷されてきた女性警官ヨンナムは、十四歳の少女ドヒに出会う。実の母に捨てられたドヒは、酒癖の悪い継父から日常的に暴力を受けていて、意地悪な祖母は見て見ぬふりをしている。絵に描いたような悲惨な現実だ。けれど、ドヒに同情する一方で、彼女を見ていると、なんだか不安な気持ちにさせられる。洗濯をしてもらっていないことが明らかな薄汚れた制服から突き出た頼りない手足。何を考えているかわからない、相手をじっと見つめる瞳。唯一自分にやさしくしてくれたヨンナムに依存し、彼女にべったりと甘える姿。そして次第に露になっていく、恐ろしい能力。彼女は、自分が無力な少女であることを利用して大人を破滅させる術を知っており、そのために手段を選ばない。過酷な社会の現実が作り出した、心が壊れた少女なのだ。

ドヒを守ろうとするヨンナムもまた、ある理由で普通ではないとされ、問題を起こしたとして都会から田舎の村に左遷されてきた。途中で明かされる彼女の秘密は、これが問題になる現実に心底呆れてしまうようなことだが、それは映画の外でも同じだ。ヨンナムはこの問題が原因で村でも窮地に立たされ、彼女を助けるために、ドヒはあの恐ろしい能力を使う。

チョン・ジュリ監督が用意したラストは、私がドヒを苦手だと思った気持ちを見透かし、それでいいの？　と問いかけてくる。そんな簡単に、苦手と言って切り捨てていいの？　あなたの苦手な少女がどうしてこの世界に存在するのか、その理由を考えたことはあるの？　いかにも健全で正義感に溢れた若い男性警官がドヒを「小さな怪物」だと呼んだ時、私も彼と同じ目で彼女のことを見ていたのだと気づかされた。

健全な心で、これが普通だとされる道を外れてしまった者たちを異物扱いし、疎外する社会に対してヨンナムが出した答えは、未来を照らし出す光のようだ。過酷な運命の犠牲者を「終わった」人間として描くのはとても容易い。そうではなく、彼女たちをこれからも生きていく者として真っ当に扱ったこの監督のことがとても好きだ。

本当の「不可能なミッション」

『サンドラの週末』監督・脚本＝ジャン＝ピエール＆リュック・ダルデンヌ

あらすじを聞いた時に、『ミッション：インポッシブル』シリーズよりも、この映画の方がよっぽど「不可能なミッション」なんじゃないかと思った。自分が解雇されないようにボーナスを諦めてくれと同僚たちを説得する女性の話だなんて、かなり厳しいことになるのは想像しなくてもわかる。私が同僚でもボーナスを取ってしまいそうだ。でも、そのあらすじだけで、絶対に見たいという気持ちにさせられた。サンドラがどう戦うのか、同僚たちがどう彼女に応じるのか、ものすごく気になった。そしてどういうラストになるのかも。

実際に『サンドラの週末』を見てみると、しみじみそうだよなあと感じることの連続だ。サンドラにボーナスを諦めてくれと頼まれた同僚たちは、十五万円弱のボーナスが必要な理由をそれぞれ彼女に告げる。どれも、そうだよなあ、必要だよなあと普通に納得できる理由だ。サンドラ自身もそうだよなあとわかっている。彼女もそうだから。お互いが痛い程相手の気持ちを理解しながら、それでも自分と家族が生きるために厳しい決断をしなければならない。これは、サンドラだけの物語ではなく、同僚たち全員の物語なのだ。誰一人として楽な暮らしはしていない。隠れてバイトをしている人もいる。どう考えても、サンドラは諦めた方が早い。それでも、何度も落ち込みながら、夫や賛同してくれる同僚たちのサポートを得て、彼女は同僚たちの家を一軒一軒回っていく。

四日間の話なのだが、家族は慎ましく暮らしているので、化粧っけのないサンドラは二日目と四日目に同じピンク色のタンクトップを着ている。ジーンズとバッグと靴はずっと同じ。解雇の電話がかかってくるのも、子どもたちのお菓子を手作りしている時だ。一つも無駄がない、どこまでも地に足のついた世界で、唯一の安らぎのようにカーラジオから流れる歌に合わせて歌うサンドラたちの笑顔が切ない。

働いたことのある人で、サンドラと同僚たちの気持ちがわからない人はいないんじゃないだろうか。解雇されたら困るし、お金はどうしても必要だ。とても当たり前のことで、彼らは誰も悪くない。当たり前のことから、こんなに緊張感のあるスリリングなドラマが作り出されたことが本当にすごい。映像なのだから、サンドラが同僚たちを説得する際に繰り返される前置きをカットすることも可能なのに、それもしない。苦痛でしかない同じ話を何度もしなくてはならないサンドラと、その話を聞いてそれぞれの反応を見せる同僚たちを、カメラは静かに捉え続ける。

投票のある月曜日の朝、彼女は大切なものを取り戻す。それは「自信」や「誇り」と呼べるものだ。彼女なりの勝利をつかみ取ったサンドラに、心からの拍手を贈りたくなる映画だ。

ぶれながら、揺れながら、「性」はかたちを変えていくもの

『彼は秘密の女ともだち』監督・脚本＝フランソワ・オゾン

普段生活していると、自分が女であることが面倒くさくてたまらなくなる時がある。外出するたび、化粧をしたり、服に気をつかったり、人の目を気にしないといけない。いろいろ億劫になりすぎて、長袖の冬が終わっても、手足の脱毛をしないままこの春夏を過ごしていた。見終わった瞬間、そんな私にシェーバーを握らせた映画、それが『彼は秘密の女ともだち』である。

主人公のクレールは、亡くなった親友の夫ダヴィッドに女装癖があることを知る。はじめは「変態だわ」と理解を示さなかった彼女は、女装した格好でショッピングに行ってみたいという彼に付き合うことになるのだが、この買い物のシーンのダヴィッドが本当に幸せそうで、胸がいっぱいになる。化粧品や服を試しては、心から満ち足りた顔をして、全身全霊でショッピングを楽しむダヴィッドの姿を見ていると、おしゃれをするって、女性であることって、こんなにも素晴らしいことだったんだと、自分の中の鈍くなっていた部分が、もう一度磨き直され

るような心地がした。

クレールは、女の格好をしている時のダヴィッドを、「ヴィルジニア」と名付ける。これからの人生は、「女として、男には許されないことを全部やるわ」と生きる喜びに溢れた笑顔を見せる、繊細で美しいヴィルジニアを演じたロマン・デュリスが圧巻。『タイピスト！』の時の、男くささが嘘のよう。「彼女」のきらきらした気持ちを浴びて、いつも地味な服装（それもすごくかわいいけど）をしているクレールも、少しずつ、解放されていく。これは、二人の女の「目覚め」の物語なのだ。

心から自分らしくいられる状態を見つけるまで、二人はそれぞれ葛藤し、模索を繰り返す。流動的な二人の関係性とセクシャリティが変化するたび、見ているこちら側は視点を微調整する必要があるのだが、それがとても刺激的だ。「性」は、ずっと同じ状態で固定されないといけないものではなく、こんな風に、ぶれながら、揺れながら、自分が一番気持ち良くいられる状態にかたちを変えていくものなのだ。私たちには自分の「性」を探索する自由があるのだと、「性」ってこんなにも幸せなものだったのだと、体中がわくわくした。

この映画を見てからというもの、出かける前に洗面所の前に立つと、「そのルージュ似合ってる」というヴィルジニアの一言を思い出し、忘れずに口紅を塗るようになった。私にも新しい女友達ができたみたいだ。

ソルティレージュの声とチョコバナナ

『インヒアレント・ヴァイス』監督＝ポール・トーマス・アンダーソン

『インヒアレント・ヴァイス』のキャスティングで本当に非凡なところを挙げるならば、ナレーターであるソルティレージュの役がジョアンナ・ニューサムであることに尽きるんじゃないかと思う。彼女はハープを弾きながら歌うミュージシャンなのだが、個性的な歌声がとてもかわいいので気に入って、前から聴いていた。映画の予告篇を見た時も真っ先に思ったのは、ナレーションの女の人の声が良いなということだった。

でも、実際に『インヒアレント・ヴァイス』の上映がはじまって、スクリーンに映し出された最初の登場人物が、原作『LAヴァイス』の最初のページを物語るジョアンナ・ニューサムだった時は、なぜに、と驚いた。あの良い声の犯人は、ジョアンナ、お前だったのか、と思った。ロマンティックなドレスを着て、ハープを弾きながら歌っている普段の彼女と、『インヒアレント・ヴァイス』の世界観が結びつかなかったからだが、確かにあまりにもぴったりだったので、ジョアンナにナレーションさせようと思いついたのがすごいなあと思った。

（ジョアンナ・ニューサムの夫のアンディ・サンバーグと、ポール・トーマス・アンダーソンのパートナーであり、この映画にも受付嬢のペチュニア役で出ているマーヤ・ルドルフは『サタデー・ナイト・ライブ』で共演していたし、前から友人関係ではあったそうだけど）

（あと、あのはじめのシーン、YouTubeで見た出演者のパネルコンフェレンスによると、ジョアンナの撮影が終わって、帰る準備をしていた時に、そこのピクニックテーブル座って、ここの部分ちょっと言ってみてよ、みたいな、その場の思いつきの軽いノリで撮影したそうで、本人も九九パーセント映画には使われないと思っていたらしい）

しかも、ただ謎の女の声としてナレーションが入るのではなくて、ソルティレージュをナレーターにしたこともすごく良かった。ソルティレージュは「見えない力に感応し、精神的・身体的な問題をつきとめ解決する」ことができる才能の持ち主で、「彼女の言葉がはずれたことは一度もない」という。ほとんどの登場人物が暴力と陰謀の混沌の渦に巻き込まれているなか、その対極の「大きな愛」って感じのピースフルな存在が彼女だ。それは本当にこの人は現代の人なんだろうかと不思議な気持ちになるような、ドリーミーなジョアンナの雰囲気とかなり合っている。

ソルティレージュの家でドックとシャスタがウイジャ盤でクサが手に入る場所を占い、その場所まで走っていくシーンは、映画で泣きたくなるくらい素敵なシーンになっていた。女にだらしなくて、心優しくて、危なっかしいドックを遠いところから見つめ、守り、導いてくれるようなソルティレージュの甘い声がなかったら、もっとパサパサした映画になってたんじゃないかなあとちょっと思ったりもする。

あと、ドックがソルティレージュやデニスたちとお店でピザを食べたりとか、原作にたくさん出てくる過剰にジャンクな食べ物シーンがすごく好きなので、映画でもどれだけ食べ物のシーンが出てくるのか楽しみにしていたのだけど、結構控えめだったなという印象を持った。ピザを食べるシーンも出てくるけど、マシュマロがのっていたりするトッピングの変さには言及なし。せっかくマシュマロっぽい白いのをピザにのせてるのに。もう一声！

ほかにもお店で注文まではしてくれるのに、その後の肝心の料理が出てくるとこまでやってくれなかったり。私はその後が見たいんだ！　ジャパニーズの安食堂で出てくる、ビッグフットの好物のパンケーキしかちゃんと出てこなかった。原作に何度も出てくるホットドッグは、最低でも一回は出てくるかと思いましたよね！　まさかのゼロ回だったような。私が見落としたのだろうか。

何より残念だったのは、ビッグフットが好物のチョコバナナをぎっしり詰めている、LAPDの本部庁舎での、「死体の背丈ぐらい」ある病理学者向け冷凍庫のシーンがなかったことだ。ビッグフットは建物に張り巡らされているエアシューターでこのチョコバナナを配ることもあるみたいで（冗談なのかもしれないけど）、それこそ見たかった！　そこが一番見たかった！　ビッグフットが本部の建物でチョコバナナを食べているシーンまではあったのに。もう一声！

正直、ラストでビッグフットに原作にもないあれを食べさせるシーンを作るくらいなら（なんだあのシーン）、ほかの食を充実させて欲しかった。もっとドックとか皆に、エンチラーダとかタコスとかサンドウィッチとかベーグルとかエスニック料理とか、いろいろ食べさせて欲しかった。飛ばされた食べ物のシーンのことをいちいち心に留めながら見ていたので、上映後、お腹がすごくすいていた。

「夢見る病気」にかかった少女
『ふたり』監督＝大林宣彦

ちょっと変わった電信柱が、『ふたり』には出てくる。電信柱と石塀の間にけっこうな隙間があるので、そこを通らないようにという配慮か、その隙間をちょうどよじ上れるくらいの高さまでコンクリで埋めてあるのだ。それが余計に子どもの好奇心をうずかせる。『ふたり』の主人公・実加はのろまで不器用なのに、この電信柱に来ると、かならずこのコンクリに飛び乗って、ジャンプして降りる。一緒に歩いていた父親は、「おまえ、グズのくせに、そういうことはすばやいんだな」と可笑しがる。普通に歩く姉や父親の横で、実加は何度も、この電信柱の横の謎のコンクリに飛び乗る。彼女の成長を表す時も、この電信柱が使われる。大人になった彼女は、コンクリに飛び乗らず、電信柱の横をすっと歩いていく。

二十代のはじめ、尾道に旅行した時、街を散策していたら、この電信柱が普通に存在していたので、びっくりした。もちろん大林映画のロケ地巡りが目的だったので、映画に出てきたあの場所この場所を回っていたのだが、でもこの電信柱に偶然行き当たったことに、一番感動し

た。本当にあるんだ。不思議の世界に本当に迷い込んだ気持ちになった。

『ふたり』をはじめて見た中学の頃は、実加とちょうど同じ年頃で、自分も完全なる不器用族だったので、感情移入したというのもあるだろう。それにも増して、尾道という不思議な街に、猫の絵のマグカップや書きかけの小説が床に散らかった、混沌とした部屋を持つ実加をはじめとする少女たちの日々に、私はすっかり虜になった。

『ふたり』は、姉の死をきっかけに成長していく実加の物語だが、もうやめてあげて欲しいと嘆願したくなるほど、ほかにも大変なことがたくさん起こる。レイプ未遂に父の浮気、文化祭で主役に抜擢された実加を妬んだ女生徒のいじわる電話のせいで母のノイローゼ再発。実加だけでなく、彼女の友人たちも、父の死や倒産、無理心中をそれぞれ乗り越える。いつの間にか周りの環境が変わってしまい、彼女たちは大人たちの勝手に振り回される。美しい街は同時に不穏さと不気味さを内包し、映画の間中何度も降る雨が、街の輪郭をぼやかす。坂や階段が多く、ピアノ教室には渡し船で通う（そしてその道中に、レイプ犯がついてくる）。実加に抜け道を教えてもらい、「ほう、こんな所に出てくるのか」と驚いた父が言うように、「この街は何年暮らしても、迷路みたいだ」。

　ぼわぼわとはっきりしない世界で、赤い糸くず（姉）、マコの赤い着物（親友）、あこがれの男の人から手渡される赤い薔薇の花束（初恋）など、赤い色だけが、驚くほどの鮮やかさをもって映し出される。実加の日々の中で、はっきりと輪郭を持った確かなものはこれだけだとでもいうように。また、赤は生理の赤でもあり、姉の死も、予定より早く生理が来たことが原因だ。少女たちの思い通りになるものなど何もない。

しかし、絶体絶命の実加を助けに、憧れの高校の制服を着たお姉ちゃんの幽霊が現れる。姉は生前のように完璧なままで、ブラウスの袖の取れかけたボタンと赤い糸くずだけが、彼女がもう違う世界の存在であることを示している。ピアノの発表会にマラソン大会、文化祭と、『ふたり』にはあらゆる行事という行事が登場し、その中で死んだ姉は生きている妹に、自分の内側にある財産に気づかせようとする。

物語の最後、「どこか遠くに行きたいなあ」が口癖だった姉が、本当に「どこか遠く」に行ってしまった後、「わたしはね、目を閉じると、いつでもどこでもいろんな所に行けるの。いつでも誰とも会えることができるの。だから私はここにいます」と妹は、ぼくの仕事についてきてくれないかと誘う初恋の相手に宣言する。外の世界の不思議、自分の中で変化していく心と身体の不思議を受け止め、「夢見る病気」を肯定して生きていく少女に、私はこれからも何度も会いにいくだろう。

完璧な魔法をかけた人

『マリリン・モンロー　瞳の中の秘密』監督＝リズ・ガルバス

「私の身体は私のものよ」

死後五十年近くを経て発見されたマリリン・モンローの直筆メモの一つには、こう書かれている。彼女の革命的な美しさは世界中に愛されたが、それだけではなく、隠されていた彼女の内面がいかに革新的だったのかが、このひと言に端的に表れている。『マリリン・モンロー瞳の中の秘密』を見ると、「おバカな金髪娘」を演じていた彼女が、正真正銘の「ビジネスウーマン」だったことがわかる。恵まれない幼少期を過ごしたノーマ・ジーンという一人の少女が、自分の身体を最大限に研究、利用し、「マリリン・モンロー」という歴史に残るアイコンを自ら創造してみせたのだ。

そしてこの「ビジネスウーマン」は、ほかの新人女優たちが二日酔いでまだ寝ている時間からレッスンに精を出す、一生懸命で真面目な女の子だった。理由は、「チャンスが訪れた時、準備万端でいたいから」。直筆メモにも、精進するための「やることリスト」のほか、「信じられるのは仕事だけ」「価値ある人生を送るためには働かなくちゃ」と、「働くこと」に対する言及も多い。

象徴的なのが、「モンロー・ウォーク」の誕生エピソードだ。勉強熱心で本を愛した彼女は、『ザ・シンキング・ボディ』という呼吸と骨格の本を熟読し、皆を驚かせたあの歩き方を編み出した。けれど、いつからその歩き方なのかとインタビューで聞かれた彼女は、「十カ月のときに歩き方を覚えてから、ずっとよ」と、しれっと答える。

また、彼女は「枕営業」でさえ恥じなかった。映画の中ではこのマリリンの「枕営業」についてのエピソードのすぐ後に、「早く上達したい。成長したい。学びたい。何も要らない、男もお金も愛さえも。演技力だけが欲しい」という彼女のメモが引用されており、男性的な汚い世界の出来事が、いかに彼女の内面と無関係だったかが示されていて、クレバーな編集だと思った。彼女のメモには、下品なゴシップの類いは一つもない。

貧乏な時代に撮影したヌード写真がスキャンダルになった時も、それの何がいけないのという彼女の態度に、ファンが急増した。「彼女がいたからこそフェミニズムが生まれたんだ」と映画歴史家のトーマス・シャッツは言う。

問題は、彼女が完璧な魔法を人々にかけたせいで、すぐ周りにいる人たちでさえ、彼女の本質がわからなかったことだ。映画会社とのトラブル、恋愛のエピソードから、彼女のことを自分の思いどおりになる「金髪娘」だと男性たちが思い込み、その通りにならないと、「わがまま」「反抗的」だと逆に彼女を悪者に仕立て上げ、蔑んだことが垣間見える（アーサー・ミラー、まじないわ）。才気にあふれていた彼女が、人生に疲れて、薬に頼っていく様子が切なかった。そんな中でも、彼女は映画会社と渡り合い、自分の職場環境を着実に改善していった。そのガッツにうっとりする。社会に負けず、懸命に仕事と幸せを追い求めたマリリンの姿を知ることができることは、現代の私たちにとって、本当にうれしいことだ。

フェミニズムで、遊べ

数年前、海外の女の子たちのタンブラーを見ていると、ある変化に気づいた。彼女たちがフェミニズムで遊んでいるのだ。例えば、「私の髪にさわんな！」と彫られたハートのイヤリングや、「Ｎｏ！」と刺繍されたブローチを自作し、身につけた女の子たちの写真があった。馴れ馴れしく頭や体に触ってくる男や、女は微笑んでいつでも「Ｙｅｓ」と言ってくれるものだというステレオタイプに対抗してつくられたアイテムだったのだけど、アクセサリー自体もかわいいし、何よりふざけていて面白いなと思った。ジンをつくったり、いろんなやり方で彼女たちがそれぞれフェミニズムを楽しんでいる様子に、ものすごくわくわくした（アリスン・ピープマイヤーの『ガール・ジン「フェミニズムする」少女たちの参加型メディア』を読むと流れがとてもよくわかる。何かをはじめる勇気が湧いてくる本）。

彼女たちのおかげで、面白い海外ドラマもたくさん知った。『オレンジ・イズ・ニュー・ブラック』、『アメリカン・ホラー・ストーリー』、『アンブレイカブル・キミー・シュミット』、

エイミー・ポーラーがプロデューサーと主演を務める『Parks and Recreation』、そしてレナ・ダナムの『GIRLS／ガールズ』は彼女たちに大人気だし、私も大好きになった。これらの作品に共通しているのは、フェミニズムをネガティブな場所からポジティブな場所へ引っ張り出そうとしており、何かしらコメディの要素を採用していることだ。どの作品も、一面的な女性像、そして男性像をぶち壊しまくっていて、めちゃくちゃ面白い。この姿勢は、前述した普通の女の子たちと共通している。現実の世界でも、フィクションの世界でも、なんだかフェミニズムが楽しい感じなのである。

フェミニズムに古いも新しいもない。ずっと昔から、フェミニズムが目指してきたことは同じだ。しかし、これまで誤解を受けることがとにかく多かったフェミニズムのバトンを受け取った新しい世代が利用しようとしたのが「ユーモア」であり、「明るさ」であることには必ず意味がある。なんとなくたどり着いた結果ではなく、歴史の中で世間がフェミニズムをどう邪魔者扱いしてきたのか、社会がどう変わり変わらなかったのかをそれぞれが感じとり、または学んだうえで、意識的に選択している気配がする。だから、ユーモアを交えたりポップな味つけにしていたりしても、いいかげんなんとかしないといけない、自分たちがやってやる、という彼女たち（そして彼たち）の強い意志を感じる。

上の世代であるほど、フェミニズムが「ヒステリックな女たちが言い出した面倒なもの」「お堅くて退屈なもの」扱いされていたときを体感していて、フェミニストだと公言しにくいのではというのはなんとなく感じてきたことだ（特に日本だと）。九六年生まれのタヴィ・ゲヴィンソンを筆頭に、そういう時代の空気感を実際に経験していない若い女の子たちがフェミニズムに興味を持って調べてみたときに、フェミニズムってクールだ、面白い、これは私もやりたいと思うのならば、それがフェミニズムの本来の姿であるはずだ。そして彼女たちにそう感じさせた、これまで戦ってきたフェミニストたちは決して間違っていなかったという証しでもある。フェミニズムの歴史が、タヴィ・ゲヴィンソンを、レナ・ダナムを、そして国連で思慮に富んだ素晴らしいスピーチをしたエマ・ワトソンを生み出し、彼女たちにこれからのフェミニズムのヒントを与えたのだ。

時代に合わせ、フェミニズムはこれからも変化していくだろう。日本でも先日、山梨県の高校生たちが、男女で制服を交換して一日授業を受けてみるという試みをやっていた。参加希望者のみということだったけど、記事で見る彼らはノリノリで楽しそうだった。自分らしく生きたいと、社会を変えたいと願っている彼女や彼に、国籍や性別は関係ないと強く思う。

フェミニズムはクールで楽しくて、情熱を感じることができて、もっと手軽に日常に取り入れることができ、日常を変えることができるものだ。女も男も関係なく、誰もが自分らしく暮らすことができる、新しい世界をつくろうとする明るい意志のことだ。フェミニズムに正解なんてない。フェミニズムはわたしたちが好きなようにつくっていいものだ。

愛はつまり、ヒューマンエラー

『SHERLOCK』（ドラマ／イギリスBBC）

ドラマ『SHERLOCK』について書くようにということなのですが、『SHERLOCK』についての私の気持ちを文章化すると、ただただ「大好き〜〜〜〜〜!!!!!!」ということにつき、正直「〜」を規定枚数の最後の行まで伸ばして終わらせたいのですが、そういうわけにもいかないことがわかるぐらいには理性があるので、脈のことだけ書きたいと思います。

シーズン3の第三話「最後の誓い」でのシャーロック・ホームズの弁によると、「人には必ず弱点がある」とのことです。自分が犯した犯罪を隠し抜くためにも、ゲームの勝者になるためにも、権力を手に入れるためにも、「弱点」は隠さなければなりません。「弱点」を握られる＝負けです。シャーロックの言う「弱点」、それはシーズン3の悪役マグヌッセンが言うところの「圧力点」と同じことです。「弱点」を知られることがいかに致命的であるかを知っている人ほど、他人の「弱点」に意識的であり、場を掌握することができるわけです。日頃から心がけなければ、「弱点」を隠し切ることはできないでしょう。

ところが、この世には、百戦錬磨の強者でさえ、完全には隠すことができない「弱点」があるのです。シャーロックによると「弱点」であり、「ヒューマンエラー」であるもの、それは「愛」です。親友ジョン・ワトソンの結婚式で、シャーロックは、「愛などという感情は、ぼくが尊ぶ純粋な論理とは正反対なもの。ぼくに言わせれば結婚式は、この不愉快で道徳的に腐敗しきった世の中における過ちや見栄や不合理やお涙頂戴を祝う儀式に過ぎません。つまり我々の社会、いずれは全人類に破滅をもたらすものを讃えているのと同じなのです」と、いつも通り、皮肉たっぷりにスピーチしました。

確かに、「愛」は厄介です。この感情は突如として人類を襲います。「愛」に感染してしまったら最後、もう自我のコントロールはできません。そのせいで、時として「愛」は、破滅的な結果を導きます。

シーズン2の第一話「ベルグレービアの醜聞」に登場する、「あの女」ことアイリーン・アドラーは、女性経験のないシャーロックを翻弄し、手玉に取ります。完全にシャーロックを出し抜いたかに見えた彼女でしたが、思わぬ「弱点」をシャーロックに見つけられてしまいます。それが、脈です。詳しく書くことは控えますが、アイリーンの耳元で、きみの脈を取ったとシャーロックが囁くシーンをはじめて見た時は、卒倒するかと思いました。昔はマンガ、ドラマ、映画、小説と、描かれている恋愛に、とにかくいちいちあこがれたものでしたが、年を取り現実を知るごとにまったくテンションが上がらなくなり、理想の男性は？　理想の恋愛は？

などの会話になるたび、いねえよ、ねえよ、と心で毒づいていた私ですが、今なら大きな声で叫びたい。理想の恋愛は、脈を取られること!! 相手がシャーロック・ホームズだったら、死んでもいい!! シャーロックの「ひっかかったな」という笑顔を見ることができるのなら、「弱点」なんていくらでもさらけ出しますし、というか捏造しますし、何度でも騙されたいです。

アイリーン・アドラーは恋心を表面的に隠すことはできましたが、どれだけ巧妙に本心を隠しても、脈拍数といった生理現象まではコントロールできませんでした。それに、自分の脈が敗因になるなんて、思いもしなかったことでしょう。つまり、人間は生きている限り、「弱点」から逃げることができないのです。恐ろしいことです。

人間の感情は、「弱点」に直結します。しかし、「本当に人間の気持ちがわからないのね」とワトソン夫人になるメアリーに言われた際に、「うーん、気持ち? わからん。人間? わからん」と答え、他人の「弱点」を決して見逃さないシャーロックでさえ、「弱点」から完全に自由であるわけではありません。彼にだって「弱点」があります。ジョンと出会ったことで芽生えた、「友情」という「愛」の感情です。同じように「弱点」の恐ろしさを知っているマイクロフトは、「深入りしないことを楽しめ」とシャーロックに言いますが、マイクロフトにだって「兄弟愛」という「弱点」があります。本人はシャーロックへの「兄弟愛」を否定していますが、そもそも「兄弟愛」がなければ、相手を心配して「深入りしないことを楽しめ」なんて声をかけません。それぞれの目的のために、人生をかけて理性的であろうと決めた者たちがミスを犯し、「弱点」を垣間見せる瞬間、これ以上にスリリングな瞬間はないのではないかと、『SHERLOCK』を見ていると思ったりします。特にシャーロックはシーズンを追うごとに、ジョンやハドソン夫人のほかにも、モリーやレストレードやメアリーなど心を許す存在が増え、「弱点」が増えていきます。

そのシャーロックが脈を止めようとするシーンがあります。彼が自らの死をジョンの前で偽装する時です。そもそも偽装工作のシナリオは十三通りあったということですし、ドラマの中ではどれが真実かは示されません。というわけで、本当ではなさそうではあるのですが、シャーロックがアンダーソンに語ったシナリオ、コードネーム「ラザロ」の中で、死体のふりをするシャーロックはスカッシュのボールをわきに挟みます。その状態でわきをギュッとしめると、一時的に脈を止めることができるからです。医師であるジョンは真っ先にシャーロックの脈を確かめるでしょうし、脈が打っていたら絶対にジョンを欺けません。もちろん死を偽装するのですから脈を止めるというのは必須です。ですが、前述のアイリーンの脈事件の際に心がたぎりにたぎった私は、脈に関しては敏感です。相思相愛の相手を騙すためには、脈でさえ止めなければバレてしまうという、シャーロックの「弱点」に対する抜かりなさというか、ジョンに対する本気を感じ、またまた炎が心に燃え広がりました。

これが『SHERLOCK』における、二大「脈」事件です。個人的には、かなりの重大事件だと思っています。

「愛」は「ヒューマンエラー」だから危険だと誰よりも理解しつつも、自分の中に芽生えた「愛」を捨てないことを選んだシャーロック・ホームズが今後どう変わっていくのか、シーズン4が楽しみで仕方ありません。

そして皆さん、知られたくない「弱点」がある時は、脈にも気をつけましょう。

白鳥に憑かれた王子（クリストファー・マーニー）へ

『白鳥の湖』（バレエ／マシュー・ボーン版）

小さい頃からずっと、物語に出てくる王子が嫌いでした。ディズニー映画や童話など様々な作品に王子は登場しましたが、よく出てくるけど退屈だからどうでもいい人だと判断していました。幼稚園から中学生くらいまで死ぬほど下手なりにバレエを習っていたのですが、バレエ作品の王子もとにかく退屈な存在でした。私が通っていた田舎のバレエ教室には男の人がほとんどいなくて、発表会になると、ほかのバレエ教室から男性ダンサーを借りなければなりませんでした。発表会の日、目の前に現れた借り物の王子は、厚化粧も白いタイツの股間のふくらみも幼い目にはグロテスクでしかなく、ますます王子のことが苦手になりました。

王子という存在は見てくれが良いだけで中身はからっぽ、ただただ無力で、ぼんやりしていて、常にうっすら笑顔なのも不気味です。とくに『白鳥の湖』の王子は酷いです。いくらなんでも白鳥と黒鳥を間違えるのは人としてきつい。そんな人が将来統治する国に住む国民が不憫です。おまえの愛はそんな薄い愛だったのかとずっこけそうになりますし、もう眼鏡をかけて

踊ってはどうかと進言したくなります。うわーん、ごめーんと悲壮感を出されても、同情する気に少しもなれません。

ですが、マシュー・ボーン版の『白鳥の湖』に出てくるあなたは違いました。幕が上がった瞬間から、あなたの顔は苦しげで、ずっと眉間に皺が寄っています。堂々たるあなたの病みっぷりに、私の王子に対する印象が一瞬で覆されました。あなたが感じている、尋常じゃないほど深い孤独と抑圧には、はっきりとした理由はありません。もちろん王室に生まれるというのは大変なプレッシャーだと思いますが、自分の生まれた環境を受け入れ、女王の期待に応え、孤独をそっと胸に隠し国民に笑顔で手を振るということが、あなたにはストレスでしかありません。ガールフレンドも美しい姫君たちも、あなたの目には映らない。自分でも原因不明の孤独であなたの魂が震えているのが、寂しい！　と全身全霊で叫んでいるのが、手に取るようにわかりました。どちらかというと小柄で、幼さを残した顔立ちのあなたは、クラシック版でこれまで描かれてきた従来の王子とは、だいぶイメージが異なります。しかし、少年性と繊細さを備えていることが不可欠なこの作品では、あなた以上にぴったりな人はいないでしょう。

あなたは幼い頃から一羽の白鳥に見守られて育ちます。見守られるというのは、憑かれているのと同じことです。成長したあなたが人生に絶望し、命を投げ出そうとした瞬間、白鳥ははじめてあなたの前に姿を現します。白鳥と踊るあなたは、心底嬉しそうで、愛を受け入れてくれる存在に出会えて安心したように見えます。これまで見たことのあるバレエ作品で、リフトされるのは常に女性ダンサーでした。あなたが男性ダンサーが演じる白鳥をふわっとリフトするのをはじめて見たとき、新しい世界の手触りに心が震えました。その後、王室のパーティーに黒い服を着たストレンジャーとして現れた白鳥は、現実世界で機能できなくなる状態にまであなたを追い込みます。あなたのことを一人占めしたいあまり、この世界であなたが生きていけなくなるよう白鳥が最終手段に出たように私には思えました。一人占めするというのは、何があっても守るのと同じことです。

あなたが体現するのは、マイノリティの悲しみです。人をうまく愛せないこと。愛してもらえないこと。普通とは違うとされるものに愛を感じてしまうこと。自らの性を自分では選ぶことができないこと。どうしようもなく孤独であること。そう生まれたことに、そう感じることに理由はないのだと、ただただそうなのだと、あなたの踊りを見て、理解できました。

二時間の間、あなたは感じ、感じ、感じ、感じすぎて、最終的にぶっ壊れます。壊れたあなたが眠るベッドの下から三羽の白鳥がぬっと顔を出す、現実に異界が侵入する瞬間は、これまでに見たどんなものより美しいと思いました。あなたが踊ると、すべての動きに意味が宿ります。どうしてこの悪夢ぼくから取れないんだ、とでもいうように背中を掻きむしり、混乱した頭で、それでも習慣的に乱れたベッドを怯えたように整え、よしと小さく頷くパジャマ姿のあなたが憐れで、いとおしくてたまりませんでした。あなたの悪夢は、現実だったのでしょうか？　それとも白鳥に憑かれた自分の運命ですか？　前者であるように私には思えました。

この作品と、あなたを知ることなく生きていたかもしれない自分を思うと、恐ろしくてなりません。出会うことができて本当に良かった。この作品は私の理想の悪夢であり、愛の物語です。そして、あなたはこの世界で、たった一人きりの、私の王子様です。

アイスショーという別次元の喜び

はじめてのアイスショーは、別次元の経験だった。これまでテレビの前でフィギュアスケートを見てきて、謎に感じていたことも、一瞬で腑に落ちた。わたしはエフゲニー・プルシェンコが大好きなのだが、「子どもが家で親に散髪されました」みたいな、あの後ろ毛が微妙に長い髪型に対しては、それでいいのだろうかと常々疑問を感じていた。もっと彼に似合う、かっこいい髪型があるような気がしていたのだ。ちがうんです！　彼のあの髪型は、スケートリンクだと、照明と氷盤の光を浴びてきらきらと銀色に輝き、そりゃあ美しかったんです！　まさに牧神！　大変効果的な髪型であることがわかり、今までごめんなさいと心の中で土下座した。ジョニー・ウィアーの、美意識に貫かれたパフォーマンスには、一ミリも隙がなかった。なんと美しい獣なのか。スケートの刃が氷を削るジャッという音さえ、彼だけセクシーに感じた。フィナーレのあと、一人違う出口を使っただけで、何かこだわりがあるんだわと勝手に頷いてしまう。彼のインスタグラム力の高さも本当に素晴らしいと思っている。アイスショーのツア

ー中、日本各地でアップしてくれるたび、生きる気力が湧いた。

テレビだと、表情まで細かく見えるけど、カット割りがあるので、流れで感じることができにくい。けれど、スケートリンクにいると、彼らの動きがどれだけ繊細で美しいか、痛感した。皆さん素晴らしかったが、ステファン・ランビエールと織田信成には特にそれを感じた。そしてスピードがものすごく速い。ランビエールが近づいて来た一瞬のうちに、彼の顔を見るべきか、胸毛を見るべきか、判断力が問われる（気がついたら胸毛を選んでいた）。登場のたび地鳴りのような歓声が上がる羽生結弦など、今、瞬間移動されたんですか？　と見まごうほどのスピードだ。フィナーレで、安藤美姫と鈴木明子のハイタッチを見ることができて、心が溶け落ちそうになった。

あと、テレビ放送と違って、余計な解説がないというのも、地味に大きな違いだ。スケーターの演技中に、衣裳や笑顔などに言及され、とんちんかんなコメントを聞かないといけないのが本当に苦手なのだ。メディアのフィルターに煩わされることなく、素晴らしい演技に集中することができるスケートリンクは、本当に幸せな場所だ。チェスナ夫妻の「エアリアルシルク」の刹那的な美しさや、ベセディンとポーリシュクのアクロバットの凄みは、テレビ越しだと魅力の半分も伝わらないと思う。

アイスショー、それは天上の神々たちが我々のために舞い踊ってくださる特別な時間。魔法は解けず、その日からずっと、雲の上にいるような、夢心地で生活をしている。

『すいか』の夏

『すいか』脚本＝木皿泉

それは特別な夏だった。

『すいか』が放送された二〇〇三年の夏だ。

大学を卒業して、ちゃんと就職もせずに、学生時代から勤めていた本屋のアルバイトをそのまま続けていた頃だった。私はいろんなことについていけなかった。社会のレールとやらがまったく見えなかった。いろんなことが窮屈で、窮屈さから抜け出そうとしたら、本屋でアルバイトしている自分になっていた。

ある日、テレビを見ている時に、これから新しくはじまるドラマの短いコマーシャルが流れた。ほかのドラマと様子が違うなと感じた。なんだかわからないが録画しないといけないと思った。

『すいか』の第一話目がはじまった瞬間、私はビデオの録画ボタンを押した。一時間後、録画ボタンを消した私は、そのまま巻き戻しボタンを押すと、もう一度『すいか』の第一話を見た。

私はびっくりしていた。

『すいか』は、通俗のドラマならば、描くに足りずとされ、ないことになっているであろうシーンだけがつながってできているようなドラマだった。ハルマゲドンで滅亡しなかった世界で、ドラマチックとは正反対の、年齢も職業も性格もてんでばらばらな女たちが、「ハピネス三茶」というアパートで共同生活をしていた。エロマンガ家の絆。大学教授の夏子。父親が経営を放棄してスリランカから帰ってこないため学生なのに大家のゆか。カレーライスのにおい。はじめて食べる大トロのよろこび。パンプキンパンク。すぐに煮詰まる信用金庫のOL基子が絆ちゃんの所持金が八十三円であると知ってびっくりした時に、教授がいう言葉。


「アナタ、この世に、そんな女が居るとは信じられないって思いましたね、今」

「はぁ」

「それは違います。色々、居ていいんです」

「――私みたいな者も、居ていいんでしょうか?」

「居てよしッ!」


こういうもんでしょといつの間にか世の中で決められている暗黙のルールを、『すいか』は端から一つ一つ解体しようとしていた。ぞくぞくした。これが私のドラマチックだと思った。

秋になって『すいか』の最終回放送終了後も、「すいか①」「すいか②」と書かれた二本のビデオテープを、私は何度も再生した。その頃の私には、『すいか』の定期的な摂取がどうしても必要だった。

そしてそれは私だけではなかった。同じように『すいか』を見ている友達と、自分たちだけが気づいた大切な秘密を打ち明けるかのように、『すいか』やばいよねと言い合った。『すいか』のことになると、なんでか小声だった。皆、自分の世界に突然出現した「ハピネス三茶」に大喜びしていた。そうか、いざとなったら「ハピネス三茶」に住めばいいのか。現実にはきっと「ハピネス三茶」みたいな場所はないのかもしれないけど、理想郷にすぎないのかもしれないけど、でもなんだったら「ハピネス三茶」に住めばいい。なんだ、それでいいんだ。そう思ったら、明るい気持ちになった。

アイスの当たり棒が出すぎて、ようやくハズレが出た時に倒れ込んで喜ぶゆかちゃん。知恵の輪を、知恵を使わず力ずくではずし、だいぶ年下の女たちに一斉にいさめられる教授。上司のやさしさにはじめて触れた基子の「部長って人間だったんですよ」という台詞。水が抜かれた後、また新しい水でいっぱいになるプール。ミシェルの目。基子のダサい会社の制服の裏に絆ちゃんが勝手につけた猫のアップリケ。そしてそれに、いいな〜と群がる女子社員たち。小さな幸せの象徴のように何度もアップで映し出されるうめぼしの種。

うめぼしの種の反対側にいる存在として、基子の同僚馬場ちゃんだけが、変わらない日常に我慢たまらず三億円を使い込み、逃亡するが、道を間違って終わった人としてではなく、逃げながら、それでも生きていく存在として『すいか』は馬場ちゃんを描く。

今でもあの頃同じように『すいか』を見ていた友達と『すいか』の話になると、あの夏はよかったねえ、と懐かしがる。もっと年をとって、もしお互い一人で暮らしているなら、「ハピネス三茶」に皆で住めばいいと笑う。「ハピネス三茶」の住人たちのことを、切実でありながら豪快で楽しい馬場ちゃんのことを、まるで本当の友達のことのように話す。

今思うのは、「ハピネス三茶」は理想郷なんかじゃないということだ。あの夏、私たちは、実現できる未来を提示されたのだ。これからどうなるんだろうとさして希望も持てず茫然と心細さのなかに突っ立っていた二十代のはじめに、どうであろうがなんとかなる、「猫とケータイ、生かす為」、ちゃんと歩いて生きていけると信じさせてくれたのが『すいか』の夏だ。

『すいか』という呪文

『すいか』脚本＝木皿泉

大島弓子の『綿の国星』に、「ピップ・パップ・ギー」という呪文が出てくる。チビ猫が先輩猫のラフィエルから教えてもらう呪文だ。チビ猫が暮らしている須和野《すわの》家のお父さんは小説家で、チビ猫に「ピップ・パップ・ギー」と唱えてもらって、スランプを脱出する（もちろん猫に呪文を唱えてもらったことに人間である彼は気づかない）。この時、「ギー」と扉が開く。

同じく大島弓子の「桜時間」という短篇にも呪文が出てくる。小学校で同級生を殴ったうさ吉に、殴りたくて仕方ない時はどうしたらいいのと問われたお父さんが、これを唱えたら頭が冷えるからと苦し紛れにその場で考える呪文だ。

「リマハタワープ　ロンロンパルコ　センターオーバー　バックバック」

覚えるからもう一回言ってとうさ吉にせがまれ困ったお父さんは、今度はこう言う。

「リ　ワープ　センター　オーバー　バックバック」

うさ吉にさっきと違うと言われ、「略字略字　同じ同じ」と答えてお父さんは切り抜ける。

実際にこの呪文が必要になるのは、それを馬鹿にして聞いていたお母さんだ。物語の終わりで、ピンチに見舞われたお母さんは叫ぶ。

「ワープ　バック　後略!!」

もうはじめの呪文とぜんぜん違うし、そもそもから頭に浮かんだ言葉を適当に組み合わせただけの呪文。それでも呪文はちゃんと効いて、家族を救う。

『すいか』の第一話で、基子は「パンプキンパンク」という呪文を絆から授かる。同僚の馬場ちゃんが三億円横領して逃亡した一日の終わりに。仕事も年齢も性格もばらばらな独身の女たちが住む「ハピネス三茶」に導かれ、そこの住人たちとカレーを食べ、はじめての大トロの味を経験し、その後バー「泥舟」でお酒を飲んだ長い一日の終わりに。

仕事をするため一人だけ先に「ハピネス三茶」に戻った絆は、そのことに感心する基子に言う。

「パンプキンパンク、パンプキンパンク、パンプキンパンク――ほら大丈夫」

「パンプキンパンクって三回言えたら、まだ酔ってない証拠なのよ。仕事しても平気なの」

呂律が回るか確かめるための早口言葉みたいだけど、でも、「パンプキンパンク」という言葉はなんだか呪文みたいだ。「ハピネス三茶」からの帰り道、「馬場チャン、長い一日だったね」とつぶやいた基子は、絆に教えてもらった呪文を唱える。

「パンプキンパンク、パンプキンパンク、パンプキンパンク――よし！　大丈夫だ」

「よし！　大丈夫だ」そうつぶやいて、基子は夜道を歩いていく。絆の呪文はちゃんと基子に効いた。この日、三十四歳、信用金庫のＯＬ基子（実家暮らし）の扉が「ギー」と開く。というか、自分の中に開かずの扉があったことに彼女は気づく。

ほかの人にはまったく意味も効果もないかもしれない、でも必要な人だけに効く呪文、特別な瞬間というのがこの世にはある。それはテレビや雑誌の広告で謳われるような、一過性の装飾されたものじゃなくて、もっと個人的なものだ。登場人物それぞれの「パンプキンパンク」がつながってできているのが『すいか』だ。皆、毎日働いて、ごはんを食べて、自分の鎖を一つ一つこつこつとつなげていく。いろんな色の折り紙でつくる七夕飾りの鎖のように。どこまでも長くつなげてもいいし、なんだったら今すぐ首からさげて堂々と胸を張ってもいい。『すいか』はそういうドラマだ。

三億円横領した馬場ちゃんにとって、三億円は、平凡な人生から逃げ出すための「パンプキンパンク」に一瞬見えてしまったのだと思う。馬場ちゃんの逃亡がはじまった瞬間から、基子と馬場ちゃんは、「日常」と「非日常」という二つの世界に離ればなれになる。小学生の頃ハルマゲドンで世界は滅亡すると信じていた絆は、それから二十年後、本当にハルマゲドンの年に地球から滅亡してしまった双子の姉の「死」を受け入れられずに「生」きている。『すいか』のすごいところはその先だ。「非日常」に突入してしまった馬場ちゃんに、そういう「日常」を生きさせようとする。よくあるドラマ的表現であれば、追いつめられて暗くなったり狂気に走ったりしそうな犯人を、それでもちゃんと食べ、「無茶苦茶、元気そうな人」にしてしまう。親の言いなりで死ぬまで幸せじゃなかったかもしれないと思っていた姉がちゃんと精一杯「生」きていたことを、姉が「死」んでしまった後の世界でちゃんと絆に教えてあげる。

『すいか』は、どの回でも、物事の違う面を見せようとする。世の中で、一般的にこういう時はこうだろうとか、これはこういうもんだろうとか、わかりやすくて厄介なフォーマットができてしまっている物事に対して、ものすごいしつこさで、そうとは限らない、そんなこと誰も決めてない、別にそれ気にしなくていい、という態度をとり続ける。アイスのクジが連続で当たり続けた後ようやくハズレが出た時、「神様、ありがとうッ！」とゆかは喜ぶ。当たり続けることを彼女は喜ばない。第一話で二階にある夏子の部屋の床（一階の食堂からすると天井）にあいた穴は、穴があいたままで何が悪いとばかりに最終回までそのままだ。恋に落ちてプチ整形をしてしまった間々田さんを否定しない。お金に釣られて馬場ちゃんの写真を売りそうになった自分に恥じ入る基子を否定しない。父親とうまくいかない絆に、「親じゃなくったって、どこかで、きっと、あなたを待っていてくれる人がいる」という言葉をかけて、夏子は絆を肯定する。『すいか』はダメ出しをしないのだ。

そして『すいか』は、ちょっとずつ更新されていく世界の喜びを描く。世界はがちがちにでき上がっているのではなくて、どこかにちゃんと隙間や抜け道、あなたがまだ知らない何かがあると、世界の可能性を見せてくれる。上司の人間性にはじめて触れた基子の「部長って人間だったのよ」。入院した病院で友達ができて世界が広がった基子の母の「宇宙って膨張してんのよ」や「私、ガンになって良かったわぁ」。第一話では、「馬場チャン、長い一日だったね」と煮詰まった顔でつぶやいた基子だったが、最終話、出勤前にふと脳裏をよぎるのは、「馬場チャン、似たような一日だけど、全然違う一日だよ」と清々しい顔で言う自分の姿だ。基子のことだから、これからもまた素敵に煮詰まり続けることだろうけど、でもある一瞬、彼女の頭の中に浮かんだのは、世界を肯定する自分の姿だった。時として訪れる特別な瞬間を内包して、世界は何度も反転を繰り返す。

『すいか』のその態度に、救われた人は本当に多いだろう。なんでもかんでも揚げ足を取りまくる世界、ありがちな箱に押し込められやすい世界に生きている私たちは、真面目で不真面目で、豪快でちまちました、情報量の多い『すいか』に、だから夢中になったのだ。

その情報量の多さは、料理のメニューや細かな動作まで書き込まれたシナリオでさらに実感できる。ト書きまで可笑しい。基子のト書きに頻出する、

「（煮詰まる）」

「（更に煮詰まる）」

には、大笑いした。ほかにも、

「（世にも情けない顔で振り返る）」

「（世にも嫌な顔）」

「（複雑）」

「（かっこ悪い所を見られてしまった）」

「（そう来たか）」

など、いちいち面白い。女の子に飴をもらった馬場ちゃんの、

「（突然、飴を押し込まれて、笑ったような、泣いたような、驚いたような。まだ人から何か貰えるとは！）」

の、「まだ人から何か貰えるとは！」という希望の描き方には、それこそこっちが「笑ったような、泣いたような、驚いたような」気持ちになった。

シナリオを読むと、『すいか』がテレビで放送されたことの奇跡を余計に感じる。この脚本が、そのまま具現化されて、二〇〇三年の夏に、私たちの目の前に現れた。これこそ世界に隙間や抜け道があることを証明している。「ハピネス三茶」の出現で、世界は、あの時確かに更新された。『すいか』はこれからもずっと、扉を開く呪文が必要な誰かにとっての「パンプキンパンパンク」であり続けるはずだ。

プレゼントを贈るときの一言

「フラワーを君に」

『主人公は僕だった』監督＝マーク・フォースター

「フラワー」をプレゼントされたら、この世のだいたいの女性はうれしいものだろう。だけど「フラワー」といっても、この映画の中の「フラワー」は、花（ｆｌｏｗｅｒ）じゃない。小麦粉（ｆｌｏｕｒ）だ。

すべてを計算して生きてきた国税庁の監査人ミスター・クリックは、奇想天外なある出来事がきっかけで、自分の思う通りに生きようと決意。彼は勇気を出して、意中の女性にプレゼントをする。いろんな種類の小麦粉を。小麦粉の袋には、それぞれ色とりどりのテープが貼られていて、まるで花束のようだ。

さて、そんなひねりが効いた言葉遊びで、「小麦粉を君に」とプレゼントされた女性は喜ぶか。喜ぶ。なぜなら彼女、アナ・パスカルはベーカリーを経営しているから。彼女だからこそ

通じる技だ。自由な心をもった彼女が、がちがちに生きてきたミスター・クリックに、「クッキーを嫌いな人なんていないわ」と、焼きたてのクッキーを食べさせるシーンが温かくて素晴らしい。

プレゼントを腕に抱えたミスター・クリックは、小麦粉の種類を説明する。花の名前を口にするように。

「青いラベルは大麦粉だ」

「オレンジのは？」

「忘れた」

笑いながら彼女の家に消えていく二人を、好きにならずにいられない。

「ぼくの未来がよく似合う」

『恋しくて』監督＝ハワード・ドイッチ

この一言で、ヒロインが何をプレゼントされたのかわかる人はいないと思う。だけど、最初からこの映画を見ていると、この一言に至る頃には、もう涙涙である。

裕福じゃない家で育ったキースは、いつも一緒にいるボーイッシュな女の子ワッツの気持ちに気づかず、学校一の人気者アマンダに恋をする。アマンダとデートの約束を取り付けた彼は、ガソリンスタンドのバイトで貯めていたお金で、あるプレゼントを買う。それは大学進学の資金になるはずのものだった。つまり、彼の未来のためのお金だ。

「これはぼくの未来だ。この箱の中にはぼくの未来が入っている」と言いながら、キースは小さな箱をアマンダに手渡す。中にはキラキラ光るダイヤモンドのイヤリング。

自分が本当に好きなのはワッツだということに気づいたキースは、アマンダが察して返してくれたイヤリングを（いい人すぎる）、ワッツにプレゼントする。片思いが実ったワッツは、その場でイヤリングをつけてみせる。

「似合う？」

「ぼくの未来がよく似合う」

完璧。マジで完璧。イヤリングが彼女に似合うこと、そしてこれからの自分の未来を一緒に過ごすのはきみだというダブルミーニングの見事さに、見るたび毎回泣きながら卒倒してしまう。

遠くに行く必要がないことを教えてくれる一言

「だから私はここにいます」

『ふたり』監督＝大林宣彦

ぐずでどじで夢見がちの中学生実加は、優秀な姉の千津子に劣等感をもっていた。姉の口癖は、「どこか遠くに行きたいなあ」。ある日、姉は事故死し、本当に遠くに行ってしまう。姉の不在に生気を失った家庭で、実加はなんとか生活を立て直そうとするがうまくいかない。大ピンチに見舞われた実加の前に姉の幽霊が現れ、姉は妹を救う。その日から、姉の幽霊に助けてもらいながら、実加は日々を切り抜けていく。お姉ちゃんのようにはできないと落ち込む妹を、姉は慰める。

「あんたは自分を外から眺められる子なのよ。どんなに落ち込んでても、落ち込んでる自分を見てるもう一人の自分がいるの。それがあんたの財産」

迷路のような尾道の街で、実加や同級生の少女たちはまるで不思議の国のアリスのように、

理不尽な大人たちや悲しい現実に振り回されながら、成長していく。最後に、あこがれの青年に一緒にこの街を出ないかと誘われた実加は言う。

「わたしはね、目を閉じると、いつでもどこでもいろんな所に行けるの。いつでも誰とも会うことができるの。だから私はここにいます」

自分の長所を味方にして、迷路のような現実を一人で生きていこうとする少女の姿に胸がいっぱいになる。

「同じ場所にいても、人から離れることはできる」

『人生はビギナーズ』監督＝マイク・ミルズ

三十八歳オリヴァーは、両親の不仲を見て育ったので恋人といつも長続きしない。オリヴァーの父は、亡くなる四年前に自分はゲイだとカミングアウトし、新しい人生を精一杯楽しんで、この世を去る。

父の死後、孤独を深めたオリヴァーは、ちょっと変わった女の子アンに出会う。同じように家族に問題を抱えるアンは、ホテルやアパートなど、住む場所を転々として生きてきた。友達や恋人との関係はどうなるの？　と聞くオリヴァーに、「転々とする生き方は独りになれる」

「別れも楽よ」と彼女は答える。オリヴァーはこう言う。

「同じ場所にいても、人から離れることはできる」

オリヴァーの気持ちはこうだ。人の輪の中にいても、会社で働いていても、自分の心さえ自由であれは、いくらでも遠いところに行ける。周りの人たちは関係なくなる。だからぼくがいる場所から離れていかないで。

オリヴァーの言葉に、「私たちは似た者同士ね」とアンは微笑み、二人は一緒にいることを選ぶ。

この映画は、人はいくつになっても新しくはじめることができるということを、ふと訪れる人生の瞬間の美しさとユーモアを繊細に積み重ねて描いていて、本当に美しい。この一言も、そんな美しい一瞬の出来事だ。

人生の切なさを感じる一言

「わたしはダイブが得意だったの」

『キルトに綴る愛』監督＝ジョスリン・ムーアハウス

人生の分岐点を迎えた二十六歳のフィンは、七人の老女たちがキルトの制作をしているグラディ叔母さんの家を訪れる。一枚の布を囲む女たちの姿を、フィンは幼い頃から見て育った。夫の浮気、夫との死別などを乗り越え生きてきた彼女たちの人生を、映画は回想する。

最も口うるさい老女ソフィーは、若い頃はスタイル抜群で、飛び込みが得意だった。自由で勇敢な彼女に恋をした地質学者は、「世界を旅しよう」とプロポーズする。その日、ソフィーは貝殻柄の、青いワンピースを着ていた。けれど、現実は夢物語ではない。ソフィーと子どもを残し、夫は姿を消す。

現在のソフィーのキルトの図案は、飛び込みをする女の姿だ。そこには、あの貝殻柄のワンピースの布が使われている。そう、一番美しかった「愛」の思い出を、老女たちは一針一針キ

ルトに縫い込んでいたのだ。

フィンの修士論文を読んだソフィーは、「あなたは書くのが得意なのね」と声をかけ、それからこう続ける。「わたしはダイブが得意だったの」。世代の違う女たちがつながる瞬間だ。懸命に生きてきた女たちの「物語」が綴られたキルトをバトンのように託されたフィンもまた、人生の新たなステージを踏み出していく。


「人生っていうのはどこか物足りなくて当然なの。抵抗するなんてバカみたい」

『テイク・ディス・ワルツ』監督＝サラ・ポーリー

二人の男の間で揺れる女心を描いた作品などと聞くと、ラブストーリーだと思うかもしれない。主人公マーゴを演じるミシェル・ウィリアムズの服や住んでいる部屋もとてもかわいい。しかし、アニエス・ヴァルダの『幸福』を男女逆転させたようにも思えるこの映画は、人生の真実を容赦なく描いた、恐ろしい作品なのだ。

マーゴはいつも何かに戸惑ったような、心ここにあらずの表情をしていて、夫との生活にもどこか満たされていない。「すごい速さで回る乗り物があるの」と、マーゴは運命的な出会いをしたダニエルを遊園地に連れていく。ぐるぐる回る乗り物に二人ははしゃぐが、時間がくるとあっけなく乗り物は止まってしまう。きらきら瞬いていた照明も消え、白々しい雰囲気が漂う。恋のときめきの刹那を表した、美しくも残酷なシーンだ。

「人生っていうのはどこか物足りなくて当然なの。抵抗するなんてバカみたい」

夫の姉であるジェリーがマーゴに放つ一言だ。ジェリーはアルコール依存症から抜け出そうと努力していたが、結局またお酒に手を出してしまう。人生は思い通りにはいかないものだし、新しいものはいつか古くなる。マーゴは、ラストシーンでどんな表情をしているだろうか。

母の愛を感じる一言

「専攻は？」「呪文と魔術よ」

『アダムス・ファミリー』監督＝バリー・ソネンフェルド

家族愛を描いた映画といえば、『アダムス・ファミリー』だろう。全身黒ずくめで、呪いの館のような屋敷に住むこの一家は、家族の結びつきがかなり強い。けれど、かなりズレている。普通の夫婦であれば「幸せかい？」「もちろん、幸せよ」と言葉を交わすところを、ゴメスとモーティシアは「不幸せかい？」「もちろん、不幸のドン底よ」と見つめ合う。

教育方針も普通とは真逆。長女のウェンズデーが細長いナイフを持っているのを、「弟と遊ぶの？　それは駄目」といさめたモーティシアは、さらに大きな刃物を娘に手渡す。アダムス家では、これが正しいのだ。

災難に見舞われ、ショックを受けた夫が虚脱状態になっても、モーティシアは「私達は負けない　毒も拷問も平気」と早速就職活動をはじめる。職業紹介所で「専攻は？」と聞かれた彼

女は、堂々と「呪文と魔術よ」と答える。なぜか保母さんの仕事を得るのだが、「ヘンゼルが気の毒な魔女を（燃えさかる炎の中に）押したのです」「その苦しみを想像してみて」と、魔女側の視点から『ヘンゼルとグレーテル』を語り、園児たちを号泣させる。世間とのズレを意に介さず、家族を守ろうとする彼女の姿は尊敬できる。これぞ、母は強し。一度は見るべき、歴史に残る「ファミリー」映画。

「ママと同じようにユーモアで立ち向かうの」

『小悪魔はなぜモテる?!』監督＝ウィル・グラック

学園映画ほど、社会の流れに合わせてアップデートするジャンルはほかにないんじゃないか。『小悪魔はなぜモテる?!』は、学園生活において、マイノリティであるがゆえに受けるいじめを描いた作品だ。主人公のオリーヴは、処女じゃないと嘘をついたせいで、あっという間に学園一の「魔性の女」扱いされるように。ゲイのブランドンが暴力を受けているのを見過ごせず、彼と付き合っているふりをしてあげた彼女は、さらに厄介な事態に巻き込まれていく。

素晴らしいのが、母に義父、養子である弟の四人からなるオリーヴの家族だ。母は「セックスのパートナーがゲイでも構わない」、養父は「僕も一時ゲイだった　誰でも一度は通る道だ」

と、それぞれオリーヴとブランドンの関係を独特のテンションで肯定。

学校で孤立したオリーヴに、「ママも経験したわ」と母は思い出話をはじめる。「軽い女だったの　でも本当の話なのよ」「体が柔らかくて　いろんな体位ができた」とからから笑いながら語る母は、「悩まないで　あなたはステキよ」「ママと同じようにユーモアで立ち向かうの」「あなたはママよりも賢いから　絶対にうまくやれるわ」と娘に微笑む。いろんな「普通」を子どもに見せてあげられる大人って素敵だ。

少年のまっすぐさに胸打たれる一言

「あれは彼女の魔法だから」

『ムーンライズ・キングダム』監督＝ウェス・アンダーソン

偶然出会った十二歳のサムとスージーは運命の恋に落ちる。孤児のサムはいつも独りぼっちで、スージーは家族のトラブルメーカー。一年の文通を経て、二人は駆け落ちを決行。ひ弱そうに見えるサムだけど、ボーイスカウトで学んだサバイバル技術を駆使してみせ、ものすごく頼りになることが判明。スージーと落ち合った時に渡す花束をちゃんと用意しているのもえらい。「私の愛読書。魔法を使う話が好き」と、トランクに詰め込んだ本をスージーは見せる。彼女は首から常に双眼鏡を下げ、ことあるごとに覗いている。「なぜ双眼鏡で見るの？」とサムに聞かれると、「私の魔法のつもり」と彼女は答える。

逃亡の途中で、スージーが双眼鏡を忘れたことに気づいたサムは取りに戻ろうとする。仲間に「置いてけ」と言われたサムは、こう叫んで走っていく。

「ダメだ。あれは彼女の魔法だから」

公開時、この一言は私の周りの女性たちの胸を鷲づかみにした。あんな風に言われてみたい、と皆口々に羨望の声を上げていた。もちろん私もそうである。

人生に疲れて本音が言えなくなっている大人たちの中で、愛を貫こうとする少年少女の純粋さが際立つ。

「一局打つの、夢だったんだよね」

『茶の味』監督＝石井克人

囲碁好きの春野ハジメは十六歳。ある日、転校生のアオイに一目惚れをする。

アオイが囲碁部に入ることを知ったハジメは、好きな子も囲碁好きであることに感極まり、普段は電車で帰る距離を自転車で疾走。「イゴッ、イゴッ、イゴッ、」とつぶやきながら、ものすごい笑顔で。家に帰ってからも気持ちが収まらず、囲碁を触りながら「囲碁部！」とはしゃいで口にする。この一連のシーン、長くて笑ってしまう。

運命の日がとうとうハジメに訪れる。「春野くん、一局打とうよ」とアオイに誘われたハジメは、囲碁を打ちながら、少しためらうようにアオイに告げる。

「俺さあ、こうやってアオイと一局打つの、夢だったんだよね」

「じゃあ、毎日打とうよ」という彼女のさばさばした返事に、「そうか」とハジメは照れ笑い。

部活の後、雨に降られた二人は相合い傘で帰る。アオイの乗ったバスの扉が閉まる瞬間、自分の傘を放って貸してあげたハジメは、彼女に手を振る。そして大雨の中、笑顔で走る。ハジメのかわいらしさ、素直さに胸が温かくなる。

満開の桜の下を歩くハジメ、レンゲ畑を自転車でゆくハジメのカットなど、思春期の少年へのやさしい視線がとても良い。家族映画としても最高。

落ち込む女友達に言ってあげたい一言

「イヤな女じゃない女なんている?」

『ジュリー&ジュリア』監督=ノーラ・エフロン

「女性を書くときには、実際の女性たちがそうであるように、複雑で面白いキャラクターにするようにしている」とノーラ・エフロンが言っているのを読んだことがある。この言葉そのままに、彼女の映画には、口の悪い女たちがたくさん出てくる。怒り、泣き、笑いながら日々を模索している彼女たちの会話はリズミカルに飛び交い、ユーモアと皮肉に満ちている。

『ジュリー&ジュリア』のジュリーは作家志望。三十歳を目前に人生を変えようと、ジュリア・チャイルドのレシピに挑戦するブログをはじめる。ブログに夢中になるあまり夫と喧嘩した彼女は、「私ってイヤな女なのよ」と友人のサラに泣きつく。落ち込んだ女友達にそう言われたら、そんなことないよ、と否定してあげる人が多いだろう。けれどサラはジュリーを慰めずにこう返す。「うん、知ってる」。この後の二人の会話が良い。

「……私って本当にイヤな女？」

「まあ、そうね」

「そうよね」

「でも、イヤな女じゃない女なんている？」

時々は、イヤな女になってもいい。イヤな女で何か悪い。いくつになっても諦めず、焦り、もがきながらも夢を叶えた女たちの姿を描いたこの映画には、薄っぺらい「女の友情」は出てこない。

「あきらめんな！　シンデレラよりきれいなのに」

『ブライズメイズ　史上最悪のウェディングプラン』監督＝ポール・フェイグ

夢だったケーキ屋は倒産、彼氏には去られ、どん底の日々を送っているアニー。追い打ちをかけるように親友リリアンが婚約。複雑な気持ちを抱きながらも、アニーはほかのブライズメイドたちと結婚式の準備をしていく。この彼女たちがそれぞれいろんな方向に振り切れていて、ものすごく楽しい。

独身最後のお楽しみのためラスベガスに向かう飛行機の中で、リリアンのいとこのリタ（若い頃は遊んでいたが、今では三人の男の子を育てている主婦）と、職場の同僚のベッカ（新婚、かわいらしくて夢見がち）は、お互いの性生活の不満を語り合う。そして勢い余って飲みはじめる。「私のような負け組になっちゃダメ」「あんたはまだやり直せる」と自分を卑下して言うリタの手をつかんで、酔っぱらってキャラが変わったベッカは言う。

「あきらめんな！　シンデレラよりきれいなのに」

さらにこう続ける。「髪からは松葉みたいな香りがして、顔なんてお日さまみたいに光り輝いているんだから」

口先だけの慰めの斜め上をいく会話は、二人のキャラも相まって本当に面白いので、ぜひ見て欲しい（エリー・ケンパー、大好き）。めんどうなことや細かいことは抜きにして、豪快な「女の友情」に大笑いしたい時に。

対談　柴田元幸×松田青子
ヘンな本の話をしましょう。

柴田選…①『アライバル』ショーン・タン（河出書房新社）②『文体練習』レーモン・クノー／朝比奈弘治＝訳（朝日出版社）③『アメリカの鱒釣り』リチャード・ブローティガン／藤本和子＝訳（新潮社）④『ハルムスの世界』ダニイル・ハルムス／増本浩子、ヴァレリー・グレチュコ＝訳（ヴィレッジブックス）⑤『ノリーのおわらない物語』ニコルソン・ベイカー／岸本佐知子＝訳（白水社）

松田選…①『プリティ・モンスターズ』ケリー・リンク／ショーン・タン＝絵／柴田元幸＝訳（早川書房）②『ミステリウム』エリック・マコーマック／増田まもる＝訳（国書刊行会）③『ぼくは覚えている』ジョー・ブレイナード／小林久美子＝訳（白水社）④『遁走状態』ブライアン・エヴンソン／柴田元幸＝訳（新潮社）⑤『オーランドー』ヴァージニア・ウルフ／杉山洋子＝訳（筑摩書房）

柴田　いまはゆるさとか脱力感というのが褒め言葉として認知されてますけど、そういうのがまだなかった時代にいち早くやったのがリチャード・ブローティガンという作家なんですよね。

松田　『アメリカの鱒釣り』を学生時代に読んだ時はなんかいいなと思いつつも、そこまですごさがわからなかったんです。今回再読して、ようやく腑に落ちた感じがしました。あとがきで訳者の藤本和子さんが書かれている「ブローティガンはアメリカンドリーム的な、男はかくあるべしということから降りている」というのも、いま読むとすごくよくわかります。

柴田　僕が知る限り、アメリカ人芸術家で車の運転ができなかったのって、ブローティガンと、箱のアーティストのジョゼフ・コーネルなんですよ。どっちもアメリカ的な大きな自我みたいなところから遠いところにいる。その意味では、松田さんが選んだ五冊も全部、降りてるよね。

松田　そうですね。ヴァージニア・ウルフはまだフェミニズムとかジェンダーという概念が確立されていなかった時代にそれをやっていて、『オーランドー』なんて初めは男だった主人公が途中で女に変わって、四〇〇年生きて、まだ生きていきそうで。性別も時代も超越している。

柴田　僕はウルフのインテリ臭が実は苦手なんだけど、『オーランドー』だけは気合の入り方、ハメの外し方が尋常じゃないと思います。男から女になるという仕掛けがなくても強烈な風刺小説として面白いし、ユーモアもある。本当に頭がいい人が本気でバカをやるとここまで面白いんだっていう好例ですね。

松田　ものすごく自由ですよね。やったるで、という気概にうっとりします。

柴田　レーモン・クノーの『文体練習』は翻訳の仕事について話す時に便利なんです。「一人の男がバスに乗るのを見た」、それだけの話から女子高生ふうとか反動老人ふうとか、99のバリエーションが生まれる。翻訳は原文に忠実であることも大切、でもクリエイティブになって初めて原文のスピリットを伝えられることもあるという実例です。

松田　作品の面白さはもちろん、日本語の可能性も開かれる感じがします。日本語はここまで遊べる言語なんだということがよくわかります。

柴田　ニコルソン・ベイカーの『ノリーのおわらない物語』も、翻訳の力を感じる一冊。翻訳で何が難しいって、意図的な間違いをどう訳すのか。九歳の女の子の視点で語られる間違いだらけの文章を、こんなに楽しく訳すなんて芸当、僕にはとてもできない。岸本佐知子さんの本領発揮ですね。ニコルソン・ベイカーが書くことって靴下をどう履いたらいいかとか、そんなこと書いて小説になるのかよってくらい些末なことばかりで、でもこの人の頭の中ではたぶん些末じゃない。だって大事じゃん！　と思っていそうなんだよね。ジョー・ブレイナードもそうでしょ。こんなことを覚えている、こんなことを覚えている……と物語から遠いことを並べて、結果的には時間軸に沿った物語よりもっと豊かなものを作っている。

松田　そうですね。『ぼくは覚えている』、この小説は私、発明だと思ってるんです。「I

remember」という書き出しなら誰でも書くことができるし、実際に、作文の授業などでも使われているらしいですね。そうやって個人的な記憶、あるいは「マリリン・モンローが死んだ」というような同時代を生きた人なら全員経験した記憶を書き連ねたこの小説を読むと、一人の人間がいかに素晴らしいデータベースかということを思い知らされます。日記とも違うんですよ。日記には何月何日という時間軸の制約があるけど、この本は思いつくまま。でも読んでると、ここ、ここ、一緒に思いついたんじゃないかなっていうのがなんとなく見えてきたり。

柴田　そういう一貫性のなさも新鮮。「人は一貫していなければならない」という世間的命令からハズれているというのはヘンな本に共通する魅力かも。物語の枠にはめ込むことを書き手がめざしていない。

松田　開かれている感じがしますよね。マコーマックの『ミステリウム』も、「パズルのピースはすべてハマらなければならない」というミステリーの不文律に肩すかしを喰らわすところに、心が洗われる感じがします。これだけ精緻に世界をつくりあげておきながら「一貫性なんてないんだよ」と言われると、ものすごく気持ちいい。

柴田　ジャズが一九二〇～三〇年代のスウィングから四〇年代初頭のビバップに進化したみたいに、文学も二〇年代から三〇年代に革新的なことが起きた。イギリスにウルフが、アメリカにフォークナーが、ソ連にハルムスがいて、韓国にも李箱というハルムスみたいな小説を書く人がいた。六〇年代、七〇年代のチェコやポーランドの作家もそうだけど、ハルムスも三〇年代の旧ソ連で現実をそのまま書いたら後ろに手が回るから、余計に寓話的にならざるを得ない。

松田　ハルムス大好きです！「夜のうちに壁が出来る」とか「急に黒ずくめの男の人が来て連れていかれる」とかシュールな話だけど、ハルムスにとっては現実でしかない。きっと自分が不思議なものを書いているという意識はなかったんじゃないですかね。そこが単なる不条理な作品とは似て非なるところですね。

柴田　奇想天外なようで、現実に抱えてる恐怖や願望がふいに出てくる。

松田　ブライアン・エヴンソンが『遁走状態』で描く恐怖って誰にでも身に覚えがある気がします。姉妹で留守番する話の心細さや、パントマイム師と一夜をともにしたら、それから自分の体の上に箱がある感覚が消えなくなった女の人の違和感など、どこか身体的に理解できる作品ばかりで。

柴田　エヴンソンとケリー・リンクって僕の中では通じるところがあって、つまりファンタジーなら現実とクローゼットの向こう側にある異世界とはきちんと分かれているんだけど、この人たちが描く小説では、世界【1】が、いつの間にかだらしなく世界【2】【3】【4】……にズレこんでいる。

松田　ケリー・リンクも、ミニマリズムへの反動で「私たちの世界って、もっといろんな面白い要素があるはずなのに」という実感から、ああいう不思議な小説を書き始めたのかなと。全部ぶっ込んでやろう、それでも私は物語を成立させられる、という作者の強度を感じます。

柴田　それ以前にローリー・ムーアが——この人もすばらしい書き手だけど——「自分は別宇宙では売れ残りのハンバーガーだったんじゃないか」という奇想をリアルな枠組みの中に持ちこんだのに対して、ケリー・リンクはいきなり「自分はこの宇宙で売れ残りのハンバーガーだった」、もうそこだけを抽出して書いちゃう感じだよね。

松田　『アライバル』も幻想的なようで、ショーン・タンには世界がこう見えているんだと思うんです。

柴田　なるほど。これもまたある種のリアリズムじゃないかと。

松田　だから私、実は全部、本質的にはヘンな小説とは思っていないんです。ヘンなのに「その感じ、わかる!」と共感するのは、私たちが現実に対して感じている違和感が描かれているからですよね。その違和感を最も効果的に表す方法をそれぞれが模索した時に、こういった作品が生まれてくるんじゃないかと思います。

柴田　九〇年代の半ば以降、アメリカの特に女性作家たちが一斉にヘンな小説を書き始めたのも、「正解は何もない」ということを肌身でみんながわかっているという、いまの時代の実感が背景にある感じがしますね。

対談　山崎まどか×松田青子
百合子は百合子であり百合子であり……
――唯一無二ということ

――今年は武田百合子さんが亡くなってから二十年目にあたり、没後も年を追うごとに読者を増やしつづけてきたと思うのですが、そろそろ生前の武田百合子さんがどういうひとだったかを知らないひと、それこそ没後に生まれたという読者も現れています。二〇一三年現在において武田百合子を読む意味、その魅力について、お二人にお話しいただけたらと思います。まずは、お二人が武田百合子を読み始めたきっかけを教えてください。

山崎　読んだのは九〇年代の後半ぐらいなんですけど、ただ憶えてるのは、母が武田百合子さんのことが好きだったんですよ。この対談のお話をいただいて思い出したんですけど、そう言えば武田百合子も森茉莉も幸田文も母がいいと言っていたなと。ただ高校時代、「親が勧めた本など読まぬ」みたいな反発心があって、ことごとく読んでいなかったたんです。「百合子さんは武田泰淳よりずっといい」って母は言ってて、それは実は全部に当てはまって、幸田文さんは露伴よりずっといいし、鷗外より茉莉なのよ、みたいなことを言われて、ほうほうと名前だけは聞いていたんですね。文さんの場合は名文過ぎて、ひとっつも無駄なところがないからちょっと苦しくなるぐらい。

松田　確かに姿勢を正さないといけない気持ちになりますよね。それはそれで好きなんですが。

山崎　そう。で、母から「百合子さんの『富士日記』はいいわよ」って勧められてはいたんだけど、ティーンエイジャーの心には「富士日記」という言葉はまったく響かず（笑）、ただただ聞き流してました。泰淳というひとと百合子という奥さんがいることはその時知ったくらいの感じで。でもそのあと、周りの女の子たちがわりと百合子さんの本を読んでいることに気付いたのと、たぶんいちばんの理由は、古本屋で『富士日記』が三冊揃ってるのをたまたま見つけたっていうことかもしれないです。

松田　初めの出会いが古本屋ってことは多いですよね。

山崎　上中下が揃ってたんで、嬉しくって買ったっていう。そのあと、あんまり時間を置かずにぜんぶ読んだ気がします、百合子さんは。

松田　ひとつ読み出すと一気に全部行っちゃいますよね。冊数もそれほどないので、すぐ読めちゃうし。

山崎　ジェーン・オースティンと武田百合子は〝コンプリート可能〟、みたいな。

松田　「武田百合子の読書会」ができますね（笑）。

山崎　そうそう（笑）。「ああ、私あのひとの全部読んだ」って言える数少ないひとですね。青子さんはなにがきっかけだったんですか？

松田　私は、たぶん中高生の時に『ことばの食卓』から読んでるんですけど、それを知ったきっかけは雑誌で紹介されていたからで、多分『オリーブ』だったんじゃないかと思うんですよね。

山崎　九〇年代の『オリーブ』？

松田　どの号だったのかは忘れてしまったんですが、そうだったと思います。記憶違いかもしれませんが。で、『ことばの食卓』を読んで、これはすごい！　と思って、そのままほかの本も全部読んだ感じですね。

山崎　じゃあその時に『富士日記』も？

松田　そうですね。それからいまに至るまで何回も読み返しています。

山崎　私もそう。『富士日記』って全部を通して読むってことはないんだけど、ちょこちょこ読み返しますよね。日記なので、その時期の日付で読んだりもできるし、何回読んでも面白くて、発見がある。年々、そのすごさがわかってくる感じがあります。

松田　中高生で読んでた時には、そんなに理解してなかったんじゃないかなってことがいっぱいありますよね。特に『富士日記』は、年をとるごとに、スルメのように旨味が増して

山崎　でも中高生で武田百合子さんを読むなんて素敵な女の子じゃないですか。いくというか。

松田　そ、そうですかね？　『ことばの食卓』でなにびっくりしたかと言えば「花の下」で、「これ小説じゃないか！」と思ったんです。おばあちゃんの語りで進んでいくんですけど、ラストの何行かでこのひとがボケていることがわかるという、これはもう随筆の域を超えていると思って、中高生ながらすごくびっくりした憶えがあります。あと「枇杷」もすごい。

山崎　「枇杷」は私も好きですね。最後の「ひょっとしたらあのとき、枇杷を食べていたのだけれど、あの人の指と手も食べてしまったのかな」ってところ、ここはすごくいい。

松田　そこいいですよね。生きていくものと死んでいくものの生命力の対比が、食べた枇杷の数で端的に表されることにも圧倒されました。あと「花の下」ってボケたおばあちゃんの語りだけで構成されているんですけど、それをきっと横で聞いていた百合子さんの視点がちゃんと入っていて、そこにちゃんと百合子さんがいるんですよね。すごいなあと思って。

山崎　泰淳さんも私、百合子さんがらみのものしか読んでないんですよね。『新・東海道五十三次』と、百合子さんがモデルの女のひとが出てくる「もの喰う女」。

松田　泰淳も竹内好もみんな、「武田百合子の日記とエッセイに出てくるひと」という印象のままここまで来てしまいました（笑）。百合子の旦那面白いな、みたいな感じだったので。

山崎　もう武田百合子の登場人物としか思えない（笑）。でも文学史的にはふつう逆ですよね。

松田　でもいまやもう泰淳が「百合子の夫」じゃないでしょうか。

山崎　確実に武田百合子を読んでいるひとのほうが、泰淳を読んでるひとよりも多いでしょうしね。

＊

松田　『犬が星見た』は最初になんで話題になったかと言えば、武田泰淳と竹内好という二人の文学者のプライベートな姿を書いていたからだと思うんですけど、あれはリアルタイムで書かれたものではなくて、帰国後に旅の間に取ったメモを元に書いたものですよね。メモがあったにしても、よくここまで再現できたなとびっくりしました。

山崎　どのくらいの密度でメモを書いていたんですかね。予想なんですけど、相当な量をメモしていると思うんです。それは武田百合子だからというのもあるでしょうけど、ある年代から上のひとって、旅日記をつける習慣があったと思うんですね。この間、ハワイに行った時に、ホノルル空港からハワイ島に行く飛行機のなかで、ふたつ隣の席に座った別の家族のおばあちゃんが、おもむろにレポート用紙を取り出して、昨日の日記を書き出して、「ああ、これはある年代のひとには習慣としてもってるものなんだな」と思ったんです。だから、書いていること自体はそんなに珍しいことでもないのかもしれないと思いました。それこそ泰淳が口述筆記させた『新・東海道五十三次』じゃないですけど、昔は作家と言えば「紀行文」っていうのがありましたよね。

松田　昔、マンガ家さんも海外行ったら絶対それでエッセイマンガ描いてましたよね（笑）。

山崎　そういうのがあったから、やっぱり詳細なメモを取っていたと思います。

松田　メモを取っていたにせよ、それを肉づけしてここまで活き活きした状態にもっていくのがとんでもないと思いました。読むと、一緒にロシアを回っているみたいになるじゃないですか。

山崎　だから、武田百合子さんの魅力を語る時に、よく「天衣無縫」であるとか「天然」とか、なんかものすごい「女の生命力」的なことを言われるじゃないですか。

松田　「感性」というのもありますね。

山崎　そう。でも私、今回読み返してみて改めて思ったけど、このひとは文章がものすごく巧いんですよ。なんかそれを「女の感性」とか「日常からの云々」とか、「男の作家ではできない云々」とか書いて、みんな「巧い」ってことをごまかしてないか？　って思っちゃう。

松田　それをまさに金井美恵子さんが『文藝別冊』の特集で書かれていて、読んだときに「そうだそうだ！」って思いました。「こうした戦後文学を代表する〈文学者〉と、その正統な後継者である〈文学者〉が、合言葉のようについつい口にしてしまう〈天性の無垢〉や〈本来の芸術家〉、〈天衣無縫〉、〈天真爛漫〉、〈女性的な力〉とは、いったい何なのか。むろん、こうした言葉には、讃美であり感嘆であると同時に、どこかそれが自分たちの〈文学〉とは別の場所と異なる価値観と異なる見方で書かれたことに対する、怖れと、それ以上の安心とでもいったようなものが存在する」。

山崎　そこはやっぱり百合子さんを語る上で、いつも微妙に引っ掛かるところなんですよね。あとは「目がいい」っていうのもありますよね。「僕たちは気がつかなかったけどさすが女性だね！」みたいな。文学者の周辺にいる女性がものを書くと、みんな言われてることなのかなと思った。

松田　あの時代の男性と女性の関係が、そのまま文学の世界にも浸透していますよね。だからその時代の作品を今読む時に、特に男性作家が書かれたものですけど、どうしても目をつぶらないといけないところがあるなあとずっと思っていました。自分の「性」を一度消してから読まないと、いちいちひっかかって読めないというか、イライラするというか。

山崎　でも、百合子さんの文章の巧さって、「目がいい」とか「記憶力がいい」ってこととは別で、現にこんな風にチャーミングに生きている女性はいっぱいいても、百合子さんのように「書ける」ひとはほとんどいないってことなんです。女性だなんだという以前に作家として才能があった。ただそれがどこから出て来たものなのか、みんな出自がわからないのでそういう言い方をせざるを得ないんだと思います。

松田　百合子さんについて書かれている作家さんは、実際に面識があったひとが多いようなので、泰淳さんの横に奥様としてずっと一緒にいたのを知っていたから、「あれ？　あのひとがこれを？」って思った時に、どうしてもそれを自分の中で納得させなければいけないってことで、そういう言葉が出てきたんですかねえ。

山崎　やっぱり「別物」って思うことでみんな安心してるんだろうなとは思う。

松田　ジェンダー的な視点から見ると難しい問題ですよね。

山崎　なかなかこういう〝凄み〟のあることは書けないなって思うところがたくさんあって、例えば『富士日記』で、帰り道に知り合いといたらお手洗いに行きたくなって、お百姓さんの家に勝手に入ってしてくるっていう話があるんですよ。これって普通に書いても全然面白くないと思うんですけど、それをここまで面白くできるっていう表現力の素晴らしさがあるんですよね。『富士日記』って、下巻はだんだんと泰淳の具合が悪くなるので苦手だって言うひとも多いですけど。

松田　でもいま読み返すと、あまりにも愛があるというか、百合子さんと泰淳さんの関係ってちょっと恐しいぐらいですよね。泰淳の具合が悪くなった時に、さつまいもの切り方が大きいと言って、泰淳が手でつぶしながら食べるところがあるじゃないですか。「歯が少なくなるにしたがって、料理方法が変ってゆかなくてはいけないのだ。私「ごめんなさい」と言わないで、それを見ていた」。ごめんなさいと言わないで弱っていく旦那を見ていたって書くのもちょっと普通じゃないですよね。普通だったら、「わたくしはこの時こう思ったのでございます」とか「自分の至らなさに」みたいな感じで、いいカッコしがちじゃないですか、ヒューマンな自分を添えるというか。そういういいカッコが一切ない。「ずっと見ている視線」って恐いですよ。「枇杷」もまさに、枇杷をうまく食べられない夫を見ている話ですし。

山崎　すごく観察してるよね。

松田　『文藝別冊』の特集に「絵葉書のように」というエッセイが載っていたんですが、それに、口述筆記をしていて、泰淳さんの口から言葉が発せられる前の様子を百合子さんが見ていたら、「そんなにみるんじゃない。そんな眼で人の顔をみるな」と怒られたという話が書いてあって。ほんとに百合子さんはじっと見てたんだろうなって思うんですよ。夫婦とかカップルになるって、否応なく相手に見られることじゃないですか。武田泰淳はこの人に見られることを選んだっていうのがすごいなと思います。

山崎　まあ生半可じゃ付き合えない女ですよね。

松田　ロシアへ行ったときも、「百合子面白いか？　嬉しいか？」って訊かれて「面白くも嬉しくもまだない」って答えるとか。

山崎　有名なやりとりですね（笑）。

松田　中盤を過ぎたあたりで、また泰淳が「旅行は嬉しいか。面白いか」って訊くんですけど、「普通くらい」って。読んでるこっちも、「えっ！」って、イスから落ちそうになった（笑）。泰淳さんも変わっていただろうから、それで百合子さんは大変だっただろうけど、泰淳さんも驚くことが多かったと思いますよね。どう出てくるかわかんないというか。こいつに日記を書かせようと思う気持ちもわかるというか。『富士日記』の花ちゃんの書いている部分の日記で、母と泳ぎにいったら、百合子がクロールしているのを見た大学生たちが、「あの女、すげえ」って言いますよね。私の百合子の印象もそれです、「あの女、すげえ」（笑）。

＊

山崎　なんか一時期「生活系」が流行って、武田百合子さんを「生活系」の枠で語ろうとする動きみたいなものがありましたけど、結局ダメだったんですよね。百合子さんがつくってるものとか、『クウネル』を読んでるようなひとは怒るんですよ（笑）。「武田百合子さんが素晴らしいって言われてるので読んでみたんですけど、インスタントとか使ってるし、雑じゃないですか！　ぜんぜんていねいに暮らしてないじゃないですか！」って怒ってて、それは無理だよって思ったんです。要するに、〝生活に根ざしたひと〟みたいな枠組みで「武田百合子」を捉えようとしても、百合子さんは余裕ではみ出ちゃう。

松田　そこがいいんですけどね。『日日雑記』で、食堂にある蠟細工のメニュー見本を見て、「あの世にはこういう賑やかさはないだろうな。こういうものがごたごたあるところで、もうしばらくは生きていたい!!」って思うところがありますけど、まさにそういう感じですよね。

山崎　タバコも吸うし、ガツガツ食べるし、酒も強いし、「生命力」の強さがハンパない。

松田　『富士日記』の下巻の最後のほうで、泰淳のために「NK靴下」をつくろうとするじゃないですか。「NK＝ノーケッセン」、旦那の足に血栓ができないように靴下のゴムをゆるめてつくるんですけど、「これからはディオールの靴下もサンローランの靴下も御中元で貰ったら、かたっぱしからちょんぎってやる」って（笑）。こういう方が面白いですけどね。

山崎　ありましたね（笑）。なんで「生活系」が反応したかと言うと、『富士日記』が有名になって、そのなかに日々の献立が書いてあったからだと思うんですよ。ただ、そのごはんは美味しそうだけど雑ではあるし、ほんとに日常のごはんなんですよね。

松田　あとは不味いものに対して「これは不味い!!」ってなるじゃないですか。あれも面白い。

山崎　沢村貞子、向田邦子、武田百合子を、「献立を書く女」っていうカテゴリをつくって無理やり押し込めようとした一派がどこかにいるんですよ。それで「生活系」でくくれると思ったら、無理だったという話だと思うんです。でも「献立を書く」っていうのは『富士日記』で評判になったことのひとつだと思うんですけど、いま考えるとなぜそれが評判になったのかわからない。変な話なんですけど、ここ二、三年、私も食べたものについては全部手帳に書き出してるんです。献立を書くこと自体はそんなに特別なことではない。それが『富士日記』の良さとして勘違いされたんじゃないかなとは思っていて、ある種のひとたちにはすごくエキゾチックなことだったのかもって思うんですよ。なんで献立を書くってことがそこまで斬新に思われていたかって言うと、『富士日記』のあとに出た大岡昇平の『成城だより』というのがあって、その中で百合子さんが訪ねてきた時のことを大岡昇平は書いているんですね。その時に食べたものを全部並べて「目がいいとか記憶力がいいとかみんな言うけど、俺だってできるぞ?」って言った(笑)。

松田　それだけ珍しいものと思われてたんですね。「文学」の外のもののように思われていた。

山崎　いまはもうそんな雰囲気はなくて、「文学」かどうかはさておいても、ブログやSNSで誰だって日々の食事を書きつけている時代ですよね。というか、なにをおいてもまずそれは書く、写真をアップするというくらいで。

松田　私は日記が書けないんですよ。今年こそつけようと思って書き出しても、何日か書いてないなと思って見てみると二ヵ月前の日付だったりして、あれーってなります（笑）。

山崎　そうなんだ（笑）。でも自分の日記ですら読み返したら面白いので、なるべく私は書くようにしていますね。とりあえず食べたものと、出かけた時に着たものを書いています。それだけでも充分意味があると思いますよ。でもそれを始めたのって、私たちみたいにフリーでものを書いていると、スケジュール帳がまっ白な時があるじゃないですか。むろんなにかを書いてはいるんだけど、まるでなにもしていないかのようにまっ白で、この時ですら生きてたはず！というので、なにか残そうと思ったんですよね。

松田　日記は書かないんですけど、メモはわりと取りますね。街で聞いた話とか、そういうのは全部メモってるんです。百合子さんって人の会話をめちゃくちゃ聞いてるじゃないですか。

山崎　『犬が星見た』の銭高老人の話とか、素晴らしいよね。

松田　目とか記憶力のことがよく言われますけど、耳もめちゃくちゃいいんだと思うんです。抑揚のポイントとか繰り返しも端折らないでぜんぶ書くとか。ひとつひとつの話を文章のようにすらすら言うことなんてなくて、リピートしたり、急に話がそれたりしますよね。その再現力がめちゃくちゃ高い。しかも何冊か書いているうちにそうなっていったんじゃなくて、『富士日記』からもうやってる。あの中で、旦那さんが「外川さんの言うことはぜんぶメモっておいてくれ」って言ったのを、百合子さんは律儀にちゃんとメモるんですけど、同じ会話をほかのひとがメモっても絶対ああならないでしょうね。

山崎　それも文章の巧さになるのかもしれないけど、作らない、編集してないかのようにまるっと書く時がやっぱり面白いし、すごみがありますよね。また、その書き方だからこそ、ふつうのひとの面白い話が満載なんですよね。御用聞きや出入りの業者さんみたいな、ふつうのひとたちの面白い物語を凝縮して書けたんだと思います。

＊

山崎　いま百合子さんの本では、どれがいちばん読まれているんですかね？　やっぱり『犬が星見た』ですかね。

松田　『ことばの食卓』じゃないですか？

山崎　なにから最初に読むのがいちばんいいんだろう？

松田　私は『ことばの食卓』がいいような気がします。でも『ことばの食卓』は濃縮果汁一〇〇パーセントみたいなものなので、私は読むと、ものすごくエネルギーを消費しちゃうんです。ちょっと読んで、二、三時間寝てを繰り返してしまうというか。

山崎　『ことばの食卓』は切れ味がいいんだよね。私は『日日雑記』かな。いちばん楽に読めるので、繰り返し読んでた時期があります。百合子さんの最後のエッセイ集ですけど、文芸坐に『砂の器』を観に行くエピソードがいちばん好きですね。『砂の器』を観ていて、彼女は途中でお手洗いに抜けて、そのまま売店で食べるものを物色してるんですけど、観客のおじさんが寄ってきて「これからあのシーンだから急いで入らなくちゃ」って呼び戻しにきてくれる。それはどういう場面かというと、『砂の器』って途中にバーン！　と音楽が鳴って、ものすごい叙情的なお遍路さんのシーンが始まるんですけど、そこがこの映画の泣きどころで、みんな「待ってました」とばかりにテンションが上がるんです。私が思うに、いろんなひとが映画についての文章を書いているなかで、百合子さんのこのエピソードは好きな文のベスト5に入ります。映画のことを直接書いているわけではないんだけど、ちゃんと映画のことを書いている。私は百合子さんのこの文章があるから、わりと作家が書く映画評に辛くなるんです（笑）。作家ならこういう切り取り方で映画のことを書いてほしいんですよね。この『砂の器』のエピソードは、建て替え前の文芸坐の感じとか、売店の感じとか、この時代に文芸坐に松本清張特集を昼に観に来るひとの感じがぜんぶ空気みたいに入ってきて、映画よりも映画を感じると言ってもいい。

松田　松本清張特集をやっていてほかの日も映画館に行くんだけど、今日は『砂の器』だからおじさんおばさんがどんどんやってくるはずだと思いながら行くとやっぱり満員とか、百合子さんの体感がこっちまで伝わってくる。

山崎　名画座で昼に映画を観る時の、人生を無駄にしてる感じ？　特に冬に行くそれのあの感じ、あの表現が素晴らしいと思う。

松田　結構映画のタイトルが出てきますよね。『ツイン・ピークス』とか『カリフォルニア・ドールズ』とかいろいろ見てて、その書き方がぜんぶ面白いですよね。絶対に「通」にならないというか。

山崎　いわゆる映画ファンとも違うし、表現者を超えるくらいの優秀なカスタマーである今どきのAmazonレビューみたいなのとも全然違う。凄みがあるっていうのかな。

松田　「とって返して『ツイン・ピークス』を見る。頭ん中、どうなってるのかしらん」とか。興味のまま、雑に楽しんでいるというか、全体的に雑食な感じが好きですね。剥製屋とかヘビセンターとか、ふらっと行きますよね。

山崎　雑なんだけど、そのぶん本質をぐっと摑んでる感じがある。百合子さんってあまり過去を振り返らないじゃないですか。現在を強く生きている感じがするんです。

＊

松田　『富士日記』を読んでると、私が小さい時の両親の姿と重なって見えちゃうんですよね。うちもこういう雑な家族だったし。自分が花ちゃんになって、両親を見ているような気持ちになります。

山崎　松田さんのご両親はもっとお若いですよね？

松田　そうですね。でもなんか似てるような気がするんです。父親が地学の研究者だったのですが、泰淳さんみたいに自分のやりたいことだけをやる感じで。それを母親が「ハイハイ」って許して、家のこと全部やっている感じとか。あとはやっぱり、書かれているのが、山小屋オンリーだったっていうのが良かったと思う。限られた場所で、その家族らしさが〝凝縮されている〟っていうのかな。ずっとそこにいるんじゃなくて、毎年、期間限定で来るんですよね。

山崎　一歩間違えるとリゾートものになっちゃうというか、イギリスだと「カントリーサイドの日々」みたいなやつなんですよ（笑）。でもそういう雰囲気がしない。日常ではないんですけど、朝吹登水子さんの軽井沢日記とはぜんぜん違いますよね。それはそれですごく好きですけど、やっぱりちょっと特殊な感じはしますよね。

――泰淳がお父さん然としていて、百合子さんがそのお父さん然としている部分も含めて「お父さん」として扱っているって感じですよね。

松田　うまくいいなしているというかね。私は『富士日記』を読むときは、完全に花ちゃんの視点で読んじゃうんですよ。それで年々読むと、胸が痛くなります。もう二度と戻れない場所について書かれているから。友人の作家たちがどんどんと死んでしまって、お葬式に山から降りて、また戻ってくるという描写もとても多いですよね。そして最後には泰淳さんも死んでしまう。死の気配が濃厚で。

山崎　私はそんなに典型的な家族という感じは受けないんですけど、ただやっぱりこれは奥さんありきで回っているところがあるので、百合子さんが書いて良かったと思いました。家のことから食のことから全部を把握してるのは百合子さんだけなんですよ。だから旦那さんが書いたらもっともやっとしたものになってたと思う。

松田　旦那さん、書くこと以外多分何もしてないですからね（笑）。ただその何もしなさがここまでチャーミングに思えるのも、やはり百合子さんの目を通しているからですよね。

山崎　「百合子がいないと車も話も前に進まない」って誰かが書いてたけど、ほんとにそうで、百合子さんが車を運転して、買い物して、ごはんをつくって、いろんなひとの話を聞き書きして、すべてを握っている。だから百合子さんって、なにかがわからなくてポワンとしているところがない。自分のこともすごく把握しているし、たぶんあんまり書かないけど、経済のことも握ってるはずですよね。いまでも充分強いし、当時だったらなおのことすごく強い女のひとなんです。

松田　最初ヤミ屋やってましたしね。

山崎　経済も握ってて生活も握ってて文章も巧かったら、普通のひとから見ればちょっと恐いくらいだと思います。

松田　そういう時に「天性の」に逃げる（笑）。

山崎　ただ、『富士日記』はメニューが雑だってよく言われますけど、すごく食欲を掻き立てられるんです。この間も読み返していて、無性にお腹が空いた（笑）。そうめんで済まそうと思ったけどごはん炊こうかなって気持ちにさせられる。食を書いたいろんな小説やエッセイがありますけど、なかなか本気で「米を炊こう」って思わせるものってないですよね。それが百合子さんの強度だと思います。うどん玉をベーコンや玉ねぎと一緒にサラダオイルやバターで炒める料理の登場回数が多くて、そんなの『クウネル』にしたら怒るしかないいんですけど、ほんとにいまそれを食べたくなるんですよね。

――『富士日記』でも『犬が星見た』でも、とにかくどこでもいつでもビールを飲むんですよね。読むとすごくビールが飲みたくなります（笑）。

松田　『犬が星見た』は、酒を買える場所を探して街をさまよいますからね百合子が。とにかく酒ばっか買ってるなという印象。

山崎　飲み食いも多いですけど、排泄の描写もすごく多い。私は排泄ネタがすごく嫌いなんですけど、百合子さんのだけは読めるんですよ。百合子さんの排泄ネタだけはことごとく好きで、『犬が星見た』でも、女性トイレに行くと女のひとが立ちションしてて湯気が立っているというエピソードがある。「お前もそうしたのか?」「やったった」って百合子さんが言うのがものすごいカッコよくて好きなんです。

松田 男便所と間違えたんだろとか言われてわざわざ確かめに戻るんですよね(笑)。

山崎 『富士日記』のどこかで、花ちゃんの話で、学校に行く途中に電車を見ながら野グソをするっていうエピソードがあるんですけど、それがすごく牧歌的なイメージですごくいいシーンなんですよ。あとは印象に残ってるのは、浅草に花見に行って、どこからか人糞の臭いがする、っていうお話ですね。上品とか下品とか露悪とかじゃなくて、「生命サイクルの中にある」というのをストレートに出しているだけって感じでイヤじゃないんです。

松田 夫婦で「出たか出なかったか」とかそんな話ばっかりしてますよね(笑)。泰淳さんの体調が悪くなってから、便秘が続いて、ある日、まだ出てないときに、百合子さんが「今夜『O嬢の物語』見に行く?」って聞いたら、「俺はそれどころじゃない!!」って怒られて、しゅんとするとか。本当に申し訳ないんですけど、ちょっと笑ってしまいました。

山崎 そういうところが「天然で天衣無縫で…」となるのかもしれないんだけど、武田百合子は単にそういうことを書いただけじゃなくて、どう書くかをすごく意識してたということは改めて強調しておきたいです。

松田　ものすごく時間をかけて書いていたという証言がありますよね。

山崎　ケルアックの『路上』が一気書きだと思われてたけど、実はすごくメモを取っていたということもありますしね。飛躍かもしれませんけど、ケルアックと武田百合子って似てると思うんです。いっけんライブ的なグルーブ感のある文章なんだけど、それが膨大なメモによって成り立っているってことか。

松田　『路上』はわずか三週間で書いたとケルアックが言ったけど、それは冗談で、本当は十年近く費やして書かれた小説らしいですからね。これも、食べたものや行った場所、所持金など、とにかく細かく書かれていますよね。

山崎　『路上』を大学一年の時以来、久しぶりに読み返したんですけど、昔読んだときの印象って、そう言えば、とにかくどこでも間違いがないからというのでアップルパイとアイスクリームを食べているということだけだったというのを改めて思い出しました。日本で言ったらどこでもカツカレーを頼むみたいな感じだよね（笑）。

松田　どんな変な店でも最低の基準は超えるだろうという（笑）。『路上』もどこから読んでも楽しめますよね。

＊

山崎　いま百合子さんのような書き手っているんですかね。

松田　いまはわからないですが、エネルギー量や生命力でいうと、鴨居羊子さんも好きです。『カモイクッキング　くらしと料理を10倍楽しむ』を読むと、すごく勢いがあるし、けっこう雑な感じで好きです。ちょっと雑雑言い過ぎですけど（笑）。

山崎　鴨居さんも排泄のこと書きますしね。

松田　豪快なんですよね。ゴキブリが入っていたらっきょう漬けの甕を、お世話になっているマダムにあげるってエピソードがすごすぎて（笑）。解説で後日談として、いつもケチケチした鴨居さんが気前よく食べ物をくれるなんておかしいと、用心して食べなかったとマダムが言っていたというのが載っていて、そのオチも含めて面白いです。

山崎　鴨居さんの『わたしは驢馬に乗って下着をうりにゆきたい』を読んだときに、すごく印象に残ったのが、彼女が下着を作るきっかけとしてピンクのレースのついたランジェリーを、自分のためだけに、誰にも見せたりしないものとして作るというのがあって、それを穿いておしっこをしたらおしっこもピンクになる、と言うんですね。その断言がほんとうに好きで、そういう感性は百合子さんに近いと思います。闇市世代の強さというかエネルギーがあって、百合子さんも鴨居さんも自分ひとりで立って生きていけるひとですよね。

松田　『富士日記』で、こんどまた戦争になったらわたしは闇市で儲けるんだと言うところがありますよね。今度はうまくやるという謎の意気込みを見せて。

山崎　すごく嬉しそうにね（笑）。そういうたくましい女のひとがものも書けるひとだったというのがすごいことだと思うんです。

でも、プレゼンって大事だなと思うのは、『富士日記』中巻の表4の紹介文に「並はずれて奇抜で誰も思い及ばぬ発想のなかで、事物の核心をすべて喝破する、いわば生まれながらの天性の無垢な芸術者が、一瞬一瞬の生を澄明な感性でとらえ、また昭和期を代表する質実な生活をあますところなく克明に記録する」とあるんですけど、刊行当時はこれでよかったのかも知れないですけど、いまこれで誰が読みたいと思うんでしょう。

松田　下巻も「森羅万象や世事万端を貫く洞察により事物の本質を衝く白眉の日記」ですからね。こんな肩肘張ったこと書いてたかなって（笑）。

山崎　解説とかももっと現代に即したものに変えたほうがいいと思います。

松田　もっと具体的な面白ポイントを挙げてほしいですよね。

山崎　『富士日記』上中下の分厚い三冊組を手にとらせるには、内容がもっとスッと入るものにしたほうがいい。

松田　「NK靴下」とは何か、とか（笑）。

山崎　そうそう。

松田　どれだけくだらない面白さに溢れているかということがもっと伝わってほしいです。しかも読むたびに面白いところが増えていく。

山崎　くだらない面白さと言えば、東海林さだおって百合子さんに似てるんじゃないかな。

松田　なるほど、たしかに。

山崎　『富士日記』ここがすごい！　というのを何人かのひとが抜き出してきて一覧にするといいかもしれませんね。

松田　『富士日記』じゃないですけど、『遊覧日記』の京都のエピソードが好きで。女学校の頃の先生のところに遊びに行って、恩師にお金を使わしてはいけない、安いものを頼もうと思うんだけど、ついつい食べ物関係のことばかり口に出してしまって、先生が気をつかってどんどん買ってくれて、もっとお金を使わせちゃう話。最後、娘に怒られて（笑）。

山崎　適当に抜いても、それがベスト3と言えちゃうくらい、全部面白いんですよね。

＊

山崎　もう、ただただあれが面白い、これがよかったということだけを言いたいし、実際そう言ってるだけな気もしますけど（笑）、「京都の秋」（『ことばの食卓』）で花ちゃんと京都に行って、花ちゃんが結婚して離婚した話を書いているんだけど、一昨年に義兄が撮

ってくれた写真はもう破いて捨てられただろうな、と百合子さんが言って、花ちゃんが

松田　「そりゃ、そうだ。当り前のことです」って返すところ面白いよね。

山崎　あそこはいいですね。それを撮るのに義兄が走って階段を降りていったっていうのを思い出すのがまた面白くて。

松田　結婚して離婚したってことをすごくあっさり書いていてよかった。

山崎　『遊覧日記』は、語り出してから途中まで、花ちゃんがいるんだかいないんだかわからない距離感が不思議ですよね。一人で行っているのかなと思うと、急に花ちゃんが出てきて、ああ、そうだ、カメラマンで同行してるんだと思い出すというか。

松田　「お母さん」という感じはほぼないですよね。世間の「お母さん」イメージに囚われていない。

山崎　『富士日記』でトランプをしていて、花ちゃんに賭けを持ち出して怒られたり（笑）。母が娘に、いくら持ってるんだと聞くんですよね。

山崎　「お母さん」でも「奥さん」でもなくて常に「百合子さん」なんですよね。そういうところがいいなと思います。あと大親友とかがいない感じが面白い。

山崎　女友達って出てこないですよね。

松田　花ちゃんはいるけど、要するに一番の親友がそれこそ泰淳なんですよね。

山崎　そういう雰囲気はありますね。

山崎　一般のひとの面白さが出てるっていうことは、逆に著名人との交遊が面白いという日記ではないわけで、それも珍しい気がします。

松田　著名人も普通の人もフラットですよね。どっちも同じくらい面白いというか。『文藝別冊』の特集では、加藤治子さんが親友としてインタビューに答えてますけど、そんなにべたべたした感じじゃないですしね。

山崎　そのへんが百合子さんのモテの秘訣としてあるような気がします（笑）。

◇◇◇

『富士日記』ベストエピソード3（ページ数はすべて中公文庫版による）

山崎まどか選

■昭和四十年五月十七日－十八日。竹内好を泰淳が自分の別荘に呼ぶと決めてはしゃいで勝手なことを言っているときの日記。吉祥寺の竹内邸から行く途中、本栖湖に寄って竹内が写真を撮っていると、「庭石にいい」と石を積んで勝手にいこうとするところ。

竹内好が「おい、武田。来い来いというから、どんなところかと思って来たが、なんだ、普通のところじゃないか。ここは普通のところだぞ。普通だぞ」と言うところ、そのまま映画の台詞にしたい。翌日、「昨日はあまりよくないと思っていたが、だんだんよくなるねえ。今朝はなかなかいい」などと言っている。（上巻、87－89ページ）

■昭和四十二年七月十八日－二十四日。飼い犬ポコが亡くなるときの日記。「もう、怖いことも、苦しいことも、水を飲みたいことも、叱られることもない。魂が空に昇るということが、もし本当なら、早く昇って楽におなり」という文が素晴らしい（中巻、155ページ）。東京から来た花ちゃんにポコのことを言わなくちゃ、と言いつつ、「俺はイヤだよ」と半泣きで泰淳が障子を閉めて、大変なことを全部押し付けるところも。

■昭和五十一年九月二十一日。最後の日記。下巻、474ページの缶ビールについての泰淳と花ちゃん、百合子さんのやりとり。涙が出てくる。

松田青子選

■朝ごはんのとき、西の原っぱに虹が低くゆるゆるとたつ。ごはんを食べながら見ている。「この景色、あすこからここまで全部あたしのものだぞ」と言うと、主人は知らん顔をしていた。また始まったというような顔。（下巻、326ページ）

＊夫婦のかわいらしさが凝縮されている。

■二時半帰る。急に雨風強くなり、門から家まで駆け下りてくる間に、服を通して体までびっしょり濡れる。三時にタイヤキを食べるとき「タイヤキがこんなにうまいなんて知らなかった。何でも馬鹿にしたことはない」と、私に訓示を垂れる。私は「生れてから、一度もタイヤキを馬鹿にしたことはない」と言う。（下巻、424ページ）

＊『日日雑記』では、百合子は「ハエタタキをバカにしてはならんぞ」と泰淳に言われている。

■ビール一ダース、チーズ一箱、ホットケーキの素、きゅうり、トマト、パン、納豆二袋、合計二千八百七十円也。スバルライン入口で生ジュースというの、二本で六十円。これはまずい!! 今度から買ってはいけない。（上巻、136ページ）

夜　パン、スープ。

今日買った食パンは、包紙をとると、中身は三種類の食パン。二枚ずつ高さや色合も違うパンだった。残りをあつめて紙で包んだのらしい。このパンの味の悪いこと!!（中巻、89ページ）

午後、吉田へ買い出し。

缶ビール一箱、サントリーレッド一本、みりん、合計三千三百円。

プリンスメロン百二十円、プラム一箱百三十円、夏みかん百二十円。

プラムは真っ赤なのに、おどろいた、このまずさ!!（下巻、298ページ）

＊食べ物のまずさに常にビビッドな反応を見せる百合子。

［初出］＊エッセイタイトルは、掲載時から変更されているものもあります。

■「雑」と書かれた箱に入りたい／さよなら、なんて言わないで／現実を直視できない女たち／かかりたくない魔法／現代のハッピーエンド／わたしは覚えている／後戻りできない物語／一生ブレなかった人／女子の調整力／ダメをみがく幸福／みんな読もう！／父の心子知らず？／悪女たちの勝ち／物語の中の物語／「好き」のかわいらしさ／船旅は人生を変える／「終わらない」人生／怒れる少女が世界を変える／自分が自由になれる場所／物語るのは誰なのか／「女」モンスターVS「男」モンスター／母の人生、あなどるなかれ／日常に潜む悪意の不気味さ／憧れが野心に変わるとき／本当の意味で「泣ける」小説／「外道」を生きる娘たち／「女は運転したいのよ」／息がすごく楽になる／「性」と「正しさ」の暴力性／日常に付箋をつけてくれる／「いつまでも産める薬」があれば／「ヌード」でわかる日本の知性／「複雑」にしない目／一筋縄ではいかない彼女たち／永久に人を不幸にするもの／物語を読むことで尊厳を守った女たち／「ハッピィエンド」にたどり着くまで（以上、光文社「女性自身」書評「女自身の週刊書評」「読めよ、さらば憂いなし」第一回［二〇一三年四月二三日号］～二二回［二〇一四年四月二九日号］、「続・読めよ、さらば憂いなし」一冊目［二〇一四年六月三日号］～一四冊目［二〇一五年一〇月六日号］）

■でも、人生を諦めない（「図書新聞」二〇一三年一二月二三日号）

■世界に点在する小さな奇跡（「図書新聞」二〇一三年一一月二日号）

■陶然とするほど甘い味（新潮社「波」二〇一四年一〇月号）

■雪子ちゃんの顔のシミ（河出書房新社「文藝別冊　谷崎潤一郎」二〇一五年二月）

■日常生活のネットワーク（講談社「群像」二〇一四年一〇月号）

■世界のなかの自分、自分のなかの世界（「図書新聞」二〇一一年四月一六日号）

■同じ部屋にいた希望（新潮社「新潮」二〇一四年六月号）

■過去のWと未来のW（筑摩書房「早稲田文学」二〇一五年秋号）

■お聖ジャンヌ・ダルクとあこがれを持続する力（青土社「ユリイカ」二〇一〇年七月号）

■本当の少女漫画脳の使い方（青土社「ユリイカ」二〇一一年五月号）

■長谷川姉妹リスペクト（扶桑社「en-taxi」二〇一三年春号）

■リンスされた世界（青月社『大島弓子fan book』二〇一五年一月）

■ギーコのチェーンソーはわたしのチェーンソー（青土社「ユリイカ」二〇一三年二月号）

■おもうことはできる（青土社「ユリイカ」二〇一〇年二月号）

■たっぷり、たっぷり、たっぷり（河出書房新社『私の小さなたからもの』解説／二〇一五年一月）

■これからのサバイバル術（文藝春秋「文學界」二〇一三年一二月）

■心の喜びに忠実に（福音館書店「母の友」二〇一五年一月号）

■どんな若返り法よりも効く薬（文藝春秋「週刊文春」二〇一三年十一月七日号）

■はじまりはひなの（河出書房新社「文藝」二〇一四年冬号）

■少女探偵、初恋に決着をつける（cccメディアハウス「FIGAROjapon」二〇一五年八月号）

■善良で哀しい女性たちが遺したもの（集英社「すばる」二〇一五年七月号）

■人生を肯定する力（集英社「すばる」二〇一一年七月号）

■これでも「光」を信じられる？（ハースト婦人画報社「エル・ジャポン」二〇一三年五月号）

■「私が夢中になれるようなお話をしてよ」（ハースト婦人画報社「エル・ジャポン」二〇一四年八月号）

■独りでいるより優しい場所（共同通信社二〇一五年八月　配信）

■思春期は不気味でかわいい（共同通信社二〇一四年九月　配信）

■気持ちのいい背徳感（光村図書出版「飛ぶ

教室38号」二〇一四年夏号）

■「欠点」が開くふしぎの扉（偕成社文庫『大おばさんの不思議なレシピ』解説／二〇一四年七月）

■サディ・グリーンとの出会い（cccメディアハウス「FIGAROjapon」二〇一五年六月号）

■リンさんになりたい（共同通信社 二〇一三年九月　配信）

■「最強の友人」（「読売新聞」二〇一五年四月二二日）

■翻訳は特別な読書（「産經新聞」「翻訳机」二〇一四年一〇月五日）

■どこへいくの、どこにいたの？（講談社「群像」二〇一二年四月号）

■現実と非現実の境目（スイッチ・パブリッシング「Coyote」二〇一四年秋号）

■中学校と英語のこと（NHK出版「NHKラジオ　基礎英語1」二〇一五年五月）

■給食のおばちゃんありがとう（幻冬舎「ポンツーン」二〇一四年三月号）

■二〇一〇年一二月の読書日記（集英社「すばる」二〇一一年一月号）

■二〇一一年一月の読書日記（集英社「すばる」「読書日録」二〇一一年二月号）

■二〇一一年二月の読書日記（集英社「すばる」「読書日録」二〇一一年三月号）

■二〇一四年一月の読書日記（集英社「すばる」「読書日録」二〇一四年二月号）

■残された時間は「悲劇」じゃない（文藝春秋「CREA」「GREAT CINEMA」二〇一五年三月号）

■完璧な寮生活（文藝春秋「CREA」二〇一五年四月号）

■「your」が「my」に変わる瞬間（文藝春秋「CREA」「GREAT CINEMA」二〇一五年五月号）

■「小さな怪物」をつくった社会で（文藝春秋「CREA」「GREAT CINEMA」二〇一五年六月号）

■本当の「不可能なミッション」（文藝春秋「CREA」「GREAT CINEMA」二〇一五年七月号）

■ぶれながら、揺れながら、「性」はかたちを変えていくもの（文藝春秋「CREA」「GREAT CINEMA」二〇一五年八月号）

■ソルティレージュの声とチョコバナナ（青土社「ユリイカ」二〇一五年五月号）

■「夢見る病気」にかかった少女（講談社「小説推理」二〇一三年一二月号）

■完璧な魔法をかけた人（ハースト婦人画報社「エル・ジャポン」二〇一三年一一月号）

■フェミニズムで、遊べ（ハースト婦人画報社「エル・ジャポン」二〇一五年二月号）

■愛はつまり、ヒューマンエラー（青土社「ユリイカ」二〇一四年八月臨時増刊号）

■白鳥に憑かれた王子（文藝春秋「文學界」二〇一五年一月号）

■アイスショーという別次元の喜び（文藝春秋「CREA」二〇一五年八月号）

■『すいか』の夏（河出書房新社「文藝別冊 木皿泉」二〇一三年四月）

■『すいか』という呪文（河出書房新社『すいか』解説／二〇一三年八月）

■プレゼントを贈るときの一言（ユーフォリアファクトリー「BIRD」二〇一三年秋号）

■遠くに行く必要がないことを教えてくれる一言（「ユーフォリアファクトリー「BIRD」二〇一三年冬号」

■人生の切なさを感じる一言（ユーフォリアファクトリー「BIRD」二〇一四年秋号）

■母の愛を感じる一言（ユーフォリアファクトリー「BIRD」二〇一四年冬号）

■少年のまっすぐさに胸打たれる一言（ユーフォリアファクトリー「BIRD」二〇一四年夏号）

■落ち込む女友達に言ってあげたい一言（ユーフォリアファクトリー「BIRD」二〇一四年春号）

■対談　柴田元幸×松田青子（cccメディアハウス「FIGAROjapon」二〇一五年二月号）

■対談　山崎まどか×松田青子（青土社「ユリイカ」二〇一三年一〇月号）

松田青子
MATSUDA AOKO
★
一九七九年兵庫県生まれ。同志社大学文学部英文学科卒業。

著書に『スタッキング可能』『英子の森』(河出書房新社)、訳書に『はじまりのはじまりのはじまりのおわり』(アヴィ＝作/トリシャ・トゥサ＝画/福音館書店)、『狼少女たちの聖ルーシー寮』(カレン・ラッセル/河出書房新社)がある。

読《よ》めよ、さらば憂《うれ》いなし

★

二〇一五年一〇月二〇日 初版印刷
二〇一五年一〇月三〇日 初版発行

著者★松田青子
装幀★名久井直子
装画・本文挿画★佐藤香苗
発行者★小野寺優
発行所★株式会社河出書房新社
東京都渋谷区千駄ヶ谷二-三二-二
電話★〇三-三四〇四-一二〇一［営業］〇三-三四〇四-八六一一［編集］
http://www.kawade.co.jp/
印刷★株式会社亨有堂印刷所
製本★加藤製本株式会社
Printed in Japan
落丁本・乱丁本はお取り替えいたします。

ISBN978-4-309-02417-2

河出書房新社の本

KAWADE SHOBO

狼少女たちの聖ルーシー寮

（カレン・ラッセル＝著／松田青子＝訳）

人間に矯正させられる狼少女、ミノタウロスの父と西部を目指す少年……。大注目作家による目も眩むほど奇妙で独創的な短篇集を、松田青子が翻訳！